融合型·新形态教材

复旦学前云平台 fudanxueqian.com

U0730932

普通高等学校学前教育专业系列教材

幼儿园常见事故
责任认定与防范

主　审　马雷军

主　编　郭建怀　史爱芬

副主编　闫　玮　赵　丽　胡耀岗

编　委（按音序排名）

郭建怀　胡耀岗　贾晓翠　寇文亮

刘孟娟　李　凌　李建蕊　刘孟昊

苏书巧　史爱芬　檀晓芙　陶春艳

王子嘉　闫　玮　赵　丽

复旦大学出版社

内容提要

本书主要为幼儿园常见事故的责任认定与防范，共分为十章，包括入园离园事故、园内设施设备事故、园内保育活动事故、园内教育活动事故、幼儿自身伤害或病发事故、幼儿相互之间伤害的事故、园内节日和亲子活动事故、外出活动事故、园方或教师侵权幼儿事故、园方对教师侵权事故。学习者通过案例分析，了解相关法律法规，学习进行责任认定，为学习者步入工作岗位后依法执教和有效防范幼儿园事故发生奠定坚实基础。

本书内容全面，案例典型。内容涵盖了幼儿从入园到离园一日活动中各环节、各种活动中可能发生的事故情景。每个案例分析后，配合相应内容的学练结合，有助于学习者进一步巩固所学知识，培养初步运用法律解决问题的能力。

本书既可以作高职高专及本科院校学前教育专业学生的学习教材以及教师资格证考试复习材料，也可以作为幼儿园教师实现专业成长的培训学习资料，同时也可作为学生实习所用。本书配有课件、参考教学大纲和习题答案，可登录复旦学前云平台（www.fudanxueqian.com）免费下载。

目　录

前　　言

　　幼儿的身体、心理均没有发育成熟，是需要成年人给予照顾和保护的特殊群体。虽然我国已经建立了比较完整的学前教育政策法规体系，但由于幼儿园举办者不依法办园、不严格管理，幼儿园教师法律法规意识淡薄造成的幼儿园事故不断拷问着中国快速发展的学前教育。因此，提高作为学前教育师资发展后备力量的学前教育专业在校学生的法律、法规意识，树立依法执教的观念，提高依法执教和防范事故发生的能力迫在眉睫。学前教育师资培养院校有责任有义务引导学生在走向工作岗位后正确履行教师的法定职责，扎实做好对幼儿的教育、管理和保护工作，这也是提高学前教育质量的关键一环。

　　本教材分为十章，分别为入园、离园事故责任认定与防范，园内设施、设备事故责任认定与防范，园内保育活动事故责任认定与防范，园内教育活动事故责任认定与防范，幼儿自身伤害或病发事故责任认定与防范，幼儿之间相互伤害事故责任认定与防范，园内节日和亲子活动事故责任认定与防范，外出活动事故责任认定与防范，园方或教师侵权幼儿事故责任认定与防范，园方对教师侵权事故责任认定与防范。

　　本教材具有以下特点：

　　1. 内容全面。教材涵盖了幼儿从入园到离园一日活动中各环节、各种活动中可能发生的事故情境，有助于学生提高预防事故发生和处置的能力。

　　2. 案例典型。教材中的案例来自于对幼儿园访谈、观察或一线幼儿园教师和园长的工作实践。内容新颖，以案说幼儿园常见事故责任认定与防范，有助于学生更好地理解法律法规。

　　3. 好用实用。每个案例分析后，有相应内容的学练结合，有助于学习者进一步巩固所学知识和加深对所学内容的理解，并有利于培养学生初步运用法律武器分析、研判，合理处置、解决教育活动中出现的法律问题。

　　教材编写分工如下：由郭建怀、史爱芬担任主编并负责全书架构、策划与统稿。第一章由贾晓翠编写，第二章由王子嘉编写，第三章由苏书巧编写，第四章由陶春艳编写，第六章由史爱芬编写，第七章由赵丽编写，第八章由寇文亮编写。第九章由郭建怀、史爱芬编写，第五章、第十章由闫玮编写。

　　本书既可以作为学前教育专业学生的学习教材，也可以作为幼儿园教师实现专业成长的培训学习资料，同时也可作为师资培养院校各年级学生实习指导教材。

　　教材编写过程中参考了有关专著和资料，谨此致谢。感谢幼儿园教师和园长的支持，感谢复旦大学出版社编辑为教材出版付出的辛勤劳动，感谢赵学东警官提出的宝贵建议，感谢中国教育科学研究院马雷军博士的指导。

　　望广大读者提出宝贵意见和建议。

编　者

2019 年 7 月

第 一 章

入园、离园事故责任认定与防范

■ 基本理论

幼儿的安全是最重要的,需要幼儿园和家长共同关注。作为幼儿一日生活开始环节和最后环节的入园、离园这两个重要时段,做好安全工作显得尤为重要。

"一日之计在于晨",入园环节是幼儿在园一日生活的开始,好的开始是成功的一半。幼儿园和教师要密切关注这一环节,既要有计划地组织各种有趣的活动,让幼儿以一种愉悦的情绪开始,以充满自信的自我服务开始,以不断增强的多种能力开始,投入到一天丰富多彩的生活中。同时,幼儿的安全也不容忽视。

离园环节是幼儿园一日活动中最后的一个环节,是幼儿教师一日工作的结束部分,也是教师与家长交流的重要窗口。儿童与家长经过一天的分离,此时是儿童最为期待、最为放松的一个时段,教师应警惕自身的倦怠情绪和麻痹大意,合理安排离园活动,让每一个儿童能自主有序地离开幼儿园,为一天的生活画上圆满的句号。

《幼儿园教育指导纲要(试行)》《幼儿园管理条例》《中小学幼儿园安全管理办法》《教育部关于进一步加强幼儿园安全工作的紧急通知》以及《学生意外伤害事故处理办法》等都对幼儿入园、离园环节的安全进行了规定。

■ 案例时段

案例一　家长未亲自送幼儿进班致幼儿摔伤

✖ 案例呈现

星星幼儿园为了培养大班幼儿的独立性,向家长建议大班幼儿可以由家长送到班级门口后自己进入幼儿园班级。一天早晨,飞飞小朋友由妈妈送到幼儿园门口,按照往常进行晨检活动,飞飞妈妈看孩子晨检完后因着急上班就转身离开了幼儿园,飞飞进入园内后并没有进入班级,而是转身跑到了幼儿园户外大型玩具区内玩耍。老师看平时一向来得很早的飞飞早饭时间过后还没有到,于是联系了飞飞妈妈,但家长电话并未接通。过了半小时,幼儿园户外大型玩具区内出现哭声,老师们仔细寻找,原来孩子从滑梯上摔到了地上,下颌处擦伤,教师第一时间向园长和园医汇报并联系了飞飞妈妈。幼儿园将飞飞送往医院检查治疗,飞飞妈妈要求注射进口破伤风针,共花去医药费663元。家长认为孩子已经进入园内,且是根据幼儿园的建议没有将孩子送到班内,幼儿园应负全责。而园方则表示家长应看幼儿进到班级后再离开,因此认为医疗费用应由家长承担。

✖ 案例诊断

这是一起入园环节幼儿家长未亲自将孩子交与班内老师而导致幼儿受伤引发的医疗费用纠纷。

✖ 政策法规看案例

《幼儿园教育指导纲要(试行)》中明确提出:"幼儿园必须把保护幼儿的生命和促进幼儿的健康放在工作的首位。"案例中事故的发生,首先是由于园所的建议误导了家长,家长也没有注意到亲自把孩子交与班级老师的重要性,从而导致孩子发生意外事故。《幼儿园工作规程》第十六条规定:"幼儿园应建立房屋设备、消防、交通等安全防护和检查制度;建立食品、药物等管理制度和幼儿接送制度,防止发生各种意外事故。应加强对幼儿的安全教育。"

案例中幼儿园和家长显然都对幼儿安全问题重视程度不够。虽然是大班幼儿,需要培养独立性,但幼儿园应以保证幼儿安全为前提,不能对家长提出有误导性的建议。幼儿家长也应该将孩子交给幼儿园老师后才可以离开。案例中的飞飞妈妈在看到孩子晨检完后因着急上班就转身离开了幼儿园,并没有亲自将飞飞送到班级里交给老师,致使飞飞独自跑到户外大型玩具区内玩耍,导致从滑梯内摔到地上受伤。在本案中,家长和幼儿园双方都负有不可推卸的责任。

防范指南

1. 幼儿园应将幼儿生命和促进幼儿的健康放在工作的首位,所有规定和对家长的建议应以保障幼儿安全为前提。

2. 幼儿家长在早上的入园环节,要与教师有交接,应将幼儿亲自交到老师手中,确保幼儿平安入园。

3. 幼儿园教师如未接到幼儿家长请假,对早餐前没有入园的幼儿,应第一时间和家长联系,并向园长汇报。

案例二 晨检不规范幼儿手受伤

✖ 案例呈现

F幼儿园每天上午十点准时组织幼儿参加课间操锻炼。锻炼期间,每班都会有两名教师负责指导、辅助幼儿参与活动。一天,就在孩子们站好队形开始参加活动时一名男孩却大哭起来,还举着自己流着鲜血的左手。教师迅速走到小男孩的面前仔细检查,看到男孩左手拇指上有一道很深的口子。老师打电话通知家长并迅速带孩子到医务室处理,并询问他怎样弄伤的。孩子在平复了情绪后,说出了实情。原来孩子昨天晚上看到爷爷用老式刮胡刀刮完胡子后,悄悄把刀片放到了自己的裤兜里,课间操锻炼时,自己忘记了口袋中有刀片,手往兜里一插,就被刀片划伤了。教师赶紧小心地从孩子的裤兜里拿出了刀片,并将它收起来放到了安全的地方,家长到园后还给家长。

✖ 案例诊断

这是一起幼儿将危险品带入园中,而入园晨检并未发现,因此造成幼儿受伤的事故。

✖ 政策法规看案例

晨检是幼儿园执行的一项重要的卫生保健措施,是幼儿园一日常规管理工作的一个重要环节。案例中的伤害事故,正是由于教师晨检不严格或不进行晨检,没有及时发现幼儿携带危险物品入园而造成的。

《幼儿园工作规程》第二十条规定:"幼儿园应当建立卫生消毒、晨检、午检制度和病儿隔离制度,配合卫生部门做好计划免疫工作。"幼儿园应当高度重视,认真做好晨检工作。多数幼儿园更多只是关注预防疾病的传播,对幼儿入园时口袋中是否带有危险物品容易忽视。教师在幼儿入园晨检环节,要认真地检查幼儿是否携带了危险物品或不安全物品,如发现幼儿携带了危险物品或不安全物品,教师应立即作出适当的处理。

本案例中,幼儿园对家长的指导也没有做到位。《中华人民共和国教育法》第四十九条规定:"学校和教师可以对学生家长提供家庭教育指导。"幼儿园应当加强对家长的教育指导,提高家长的安全意识,家长也应在孩子入园前对幼儿携带物品进行认真检查。所以,本案例中幼儿园和家长都要对伤害事故承担一定的责任。

> **防范指南**
>
> 1. 幼儿园应加强晨检工作的全面性,创设安全的生活环境,提供必要的保护措施。要特别注意防止幼儿携带危险物品进园,如针、剪刀、打火机、豆、珠、带有子弹的玩具手枪等,以免发生不必要的意外伤害,并完善幼儿伤害事故处理流程。
>
> 2. 结合生活实际对幼儿进行安全教育。孩子由于年龄小,缺乏自我保护意识,更不理解什么叫危险,他们会经常把自己感兴趣的小玩意如:小刀、小石子、小铁钉、打火机等危险物品,放进衣袋里带入幼儿园,幼儿园应结合生活实际对幼儿进行安全教育,不能把安全完全建立在幼儿的自我约束上。
>
> 3. 加强家园联系,指导家长配合园内做好安全检查和安全教育工作。

案例三　只顾接待家长导致幼儿异物入鼻

❋ **案例呈现**

一天下午,到了幼儿园离园时间,家长们纷纷来到班里接孩子。孩子们在活动室等待家长。活动室内有很多蒙氏教具,比较危险的教具存放在较高的位置,但有几颗珠子是放在较低位置的。这时候栋栋和赫赫因为一颗小珠子争执起来,正在与其他家长沟通的祖老师闻声立即上前阻止了他们,但未发现栋栋手里的珠子。祖老师继续接待家长,没一会儿栋栋开始有些不适,脸色发青,一声不吭地坐在椅子上。祖老师察觉孩子脸色不对立即询问孩子,孩子说将小珠子塞到了鼻子里,老师向园长汇报并立即将孩子送到医院,同时通知了家长。到医院后医生将珠子取了出来,闻讯赶到的家长很生气,认为孩子在幼儿园发生这种现象是老师监管不到位,教具的摆放不当造成孩子受伤,要求幼儿园进行赔偿。

❋ **案例诊断**

这是一起在离园环节监管不到位引发教具伤害幼儿的事故。

❋ **政策法规看案例**

《中华人民共和国未成年人保护法》(以下简称《未成年人保护法》)第二十二条第一款规定:"学校、幼儿园、托儿所应当建立安全制度,加强对未成年人的安全教育,采取措施保护未成年人的人身安全。"

《学生伤害事故处理办法》第九条第十款规定:"学校教师和其他工作人员在负有组织、管理未成年学生的职责期间,发现学生行为具有危险性,但未进行必要的管理、告诫或制止的,学校应当依法承担相应的责任。"所谓"危险行为"是指可能造成他人或本人伤害的,或者可能给他人或本人引致其他危险的行为。这就要求幼儿园在日常的安全教育中要对常见的危险行为进行提示、批评和教育,对现场发现的危险行为进行告诫或制止。

案例中,祖老师在与家长沟通时没有关注到幼儿玩教具时存在的危险,没有及时发现幼儿手中的珠子,日常生活中对幼儿的安全教育不够,存在一定危害性的教具存放不当,故而幼儿园对此负有全责。

防范指南

1. 幼儿园要经常对全体教职员工进行安全教育,召开事故分析会,组织教师反思造成幼儿伤害的原因,分析如何为幼儿提供更安全的生活和学习环境,达到防患于未然的目的。
2. 教师与家长沟通时,要站在能注意到全体幼儿的位置,安排家长未到的幼儿整理书包或安静游戏。
3. 查找安全隐患,定期对园舍、设施设备、教具进行安全检查,妥善放置有安全隐患的教具。
4. 建立安全制度,明确岗位职责。

案例四 分享即将过期的食品导致幼儿腹泻

❈ **案例呈现**

傍晚离园时,老师正在接待家长,上上妈妈来接孩子,手里带着两袋饼干,上上想将饼干分享给自己最好的朋友甜心。于是家长与班上老师协商后,请上上将饼干分给了甜心,几分钟后甜心的妈妈也来园接走孩子。晚上,老师接到了甜心妈妈的电话,询问孩子吃了什么,一直上吐下泻,老师将上上分享给甜心饼干的事情告诉了家长。甜心妈妈认为孩子在幼儿园吃了不干净的食物,是上上妈妈与老师的责任,同时班上老师并没有检查食品的生产日期就将食物分享给了孩子,要求园方赔偿孩子的医药费。老师认为是上上妈妈带来的饼干引起的,应由上上妈妈负责。上上妈妈很生气,认为自己的孩子是好意给小朋友分享,而且饼干还差两天才过期,自己的孩子吃完没有不适,上上妈妈声称与自己无关。

❈ **案例诊断**

这是一起发生在离园环节因分发食品引起的医疗费用纠纷。

❈ **政策法规看案例**

《幼儿园工作规程》第十二条规定:"幼儿园应当严格执行国家和地方幼儿园安全管理的相关规定,建立健全门卫、房屋、设备,消防、交通、食品、药物、幼儿接送交接、活动组织和幼儿就寝值守等安全防护和检查制度,建立安全责任制和应急预案。"第十四条规定:"幼儿园应当严格执行国家有关食品药品安全的法律法规,保障饮食饮水卫生安全。"有不少家长在接幼儿离园时,都会带上水杯、零食或水果。一般情况下,教师必须检查食品的质量并征得家长的同意,才可以给孩子吃食物。

《幼儿园管理条例》第十八条规定:"幼儿园应当建立卫生保健制度,防止发生食物中毒和传染病的流行。"《托儿所幼儿园卫生保健管理办法》第十五条规定:"加强饮食卫生管理,保证食品安全;制定健康教育计划,对儿童和家长开展多种形式的健康教育活动。"

案例中的教师没有检查家长带来的食品生产日期,也没有征得甜心家长同意,就给孩子吃了上上妈妈带来的即将过期的饼干。教师负主要责任,上上妈妈负次要责任。

防范指南

1. 在园期间,教师和家长不要随意给孩子分发除幼儿园提供的食品以外的食物。
2. 对幼儿和家长经常开展食品卫生安全的教育活动。
3. 对于特定危险,教师应在可预见的范围内,履行合理的安全注意义务。

案例五　　接送卡未安全保管引发幼儿被骗走

✳ **案例呈现**

中班幼儿远远的父母最近工作繁忙,便从乡下接来远远爷爷看护接送,并给班内老师做了交代,爷爷会持接送卡接送远远。爷爷在来后的第二天收拾家中的废旧书报,叫来收废品的上门回收。收废品的师傅看到远远家入门处放着一张写有远远幼儿园、班级和姓名的接送卡,便趁爷爷捆绑废旧书报时偷走了接送卡。远远爷爷在当日接孙子时没有找到接送卡,误以为只是暂时找不到。赶到幼儿园接远远时,老师说二十分钟前有一位自称远远爷爷的老头儿持接送卡把远远接走了。老师和远远爷爷迅速打电话叫来了远远爸爸妈妈,分析是收废品的师傅偷走了接送卡骗走了远远,马上报警。几个月过去了,孩子仍没有找到。远远父母将幼儿园告上法庭。幼儿园认为远远父母交代过老师爷爷持卡接送,只一天工夫,老师也记不清面孔,而且主要是家长自己没有保管好接送卡,孩子丢失是家长的责任。

✳ **案例诊断**

这是一起因接送卡被偷导致孩子被骗走事故的法律责任认定。

✳ **政策法规看案例**

《最高人民法院关于贯彻执行〈中华人民共和国民法通则〉若干问题的意见(试行)》第一百六十条:"在幼儿园、学校生活、学习的无民事行为能力的人或者在精神病院治疗的精神病人,受到伤害或者给他人造成损害的,单位有过错,可以责令这些单位适当给予赔偿。"《最高人民法院关于审理人身损害赔偿案件适用法律若干问题的解释》第七条:"对未成年人依法负有教育、管理、保护义务的学校、幼儿园或者其他教育机构,未尽职责范围内的相关义务致使未成年人遭受人身损害,或者未成年人致他人人身损害的,应当承担与其过错相应的赔偿责任。"

案例中远远被骗走,主要是由于爷爷卖废旧报纸时接送卡被偷走,老师又认错了人。幼儿园和家长都有责任。当务之急是通过警方找到被骗走的远远。

防范指南

1. 幼儿园必须建立完善的幼儿接送制度,同时明确家长、园方责任。

2. 幼儿园应建立幼儿接送名单,每名幼儿应固定一到两名家长,如固定接送人员临时变化,家长应及时将变化人员情况告知当班教师;如家长未能和当班教师及时取得联系,教师在见到陌生人接幼儿时,要用园方留下的联系方式与家长及时沟通,明确后方允许接走。

■ 学练结合

一、说说入园、离园环节的重要性及晨检内容

二、阅读并分析以下案例

下午18:00,孩子们陆陆续续都被自己的家长接走了,小张老师看见只有浩浩自己坐在等候区等待着自己的爸爸妈妈来接他,两只眼睛可怜巴巴地望向大门口。突然,浩浩向大门口跑去,原来是他爸爸来接他了,只见浩浩从爸爸手里拿过接送卡,又跑着送到小张老师面前,小张老师挥了挥手远远地和浩浩爸爸打了个招呼,浩浩跟小张老师说了再见再次跑向他的爸爸,就跟着爸爸走了。这时只见门卫向小张老师走来,小张老师有些奇怪:"找我有什么事情吗?"门卫对小张老师说:"刚才的那个人,你就这样让他把孩子接走吗?"小张老师有些诧异:"那是浩浩的爸爸,接送卡也给我了,为什么不让接

呢?"门卫说:"你过去和他说几句话吧!"小张老师走到浩浩爸爸跟前打了个招呼。他一开口,满嘴的酒气扑面而来,并且说起话来舌头有些发直,小张老师这才知道,浩浩爸爸酒喝多了。于是,小张老师拒绝了他接孩子的要求,让他打电话请别人来接。

案例中小张老师的做法正确吗?为什么?

第 二 章
园内设施、设备事故责任认定与防范

■ 基本理论

　　幼儿园中的设施、设备是幼儿在园中生活学习的必需品,包括园中的一些大型玩具和教室中的教学设备,如户外大型玩具,教室内的钢琴、电器、电线等。园内设施、设备与幼儿的生活学习息息相关,更与幼儿的安全有着密不可分的关系。因此,必须要采取有效的安全措施,防止意外事故的发生。

　　《幼儿教育指导纲要(试行)》指出:"幼儿园必须把保护幼儿的生命和促进幼儿的健康放在工作的首位。"这就要求幼儿园教育目标必须以幼儿为本,从幼儿生命健康成长的需求出发实施教育。幼儿是一个因身心尚未成熟而需要特殊保护和照料的群体。幼儿期更是一个稚嫩的、脆弱的,需要成人精心照顾和保护的时期。幼儿心理学告诉我们:一方面,大肌肉的迅速发展使幼儿具有爱玩好动的特性,但是另一方面,幼儿的思维和行为活动带有明显的随意性,因而控制、调节自己心理活动和行为的能力很低;幼儿对什么事都感到好奇,又缺乏生活经验,对周围环境中潜在的不安全因素判断力不足,缺少自我保护的能力,容易受到伤害。因此学前教育工作者要时时事事以儿童的安全为重,并全方位培养幼儿自我保护能力,让幼儿学会自己"走路"。

■ 案例时段

案例一　　幼儿园钢琴凳伤害幼儿

❋ 案例呈现

　　某幼儿园每个班的教室里都有一架钢琴,幼儿园为了节省开支没有在钢琴上安装保护套,而是直接摆放在活动室当中;钢琴凳也没有任何保护措施,钢琴凳的四个角比较尖锐。大四班的聪聪课间时间在活动室内和同学追逐玩耍,来回跑跳,不小心被小椅子绊倒,一下子磕到钢琴凳角上,眼角磕破,一直流血。老师立即拨打120急救电话并上报学校领导,急救车很快来到幼儿园把聪聪送到医院进行医治,在去医院的路上老师第一时间通知了家长。经医院检查发现聪聪眼眉边上磕了一个口子,医生为他缝了五针。聪聪的家长认为是幼儿园的设施对聪聪造成的伤害,要求幼儿园赔偿聪聪的治疗费并且提供除疤痕膏直到没有疤痕为止。

　　幼儿园则认为:钢琴凳没有保护措施是一方面的原因,但是主要原因还是聪聪自己乱跑造成的,幼儿园可以给出一部分的经济赔偿,以示安慰,但是不能按家长要求提供价格昂贵的进口除疤痕膏。

幼儿园和家长双方在赔偿方面没有达成一致。于是家长将幼儿园告到法院,经法院调解,幼儿园同意赔偿聪聪的治疗费和一部分除疤痕膏的费用。

❀ 案例诊断

这是一起钢琴凳对幼儿造成伤害而引发的医疗费用纠纷。

❀ 政策法规看案例

案例中的幼儿园为了节省开支对放在教室的钢琴没有做好防护措施,结果对幼儿造成了意外伤害。幼儿园作为依法成立的教育机构,对未成年人负有法定的教育、管理、保护的义务,未尽职责范围内的相关义务致使未成年人遭受人身损害的,应当承担与其过错相应的赔偿责任。《幼儿园管理条例》规定:"幼儿园应当保障幼儿身体健康,应当建立安全防护制度,幼儿园的园舍和设施设备有可能发生危险时,举办幼儿园的单位和个人应当采取措施,排除险情,防止事故的发生。"

《中华人民共和国未成年人保护法》明确了幼儿园和老师的保护职责,第二十二条规定:"学校、幼儿园、托儿所应当建立安全制度,加强对未成年人的安全教育,采取措施保障未成年人的人身安全。学校、幼儿园、托儿所不得在危及未成年人人身安全、健康的校舍和其他设施、场所中进行教育教学活动。"

《最高人民法院关于审理人身损害赔偿案件若干问题的解释》第七条也有相关规定:"对未成年人依法负有教育、管理、保护义务的学校、幼儿园或者其他教育机构,未尽职责范围内的相关义务致使未成年人遭受人身损害,或者未成年人致他人人身损害的,应当承担与其过错相应的赔偿责任。"

本案中幼儿园疏忽了可能产生的危险,没有对教室的钢琴和钢琴凳采取必要的防护措施,导致聪聪眼角受伤,缝合五针,幼儿园负全责。

防范指南

1. 幼儿园一切设备都要安全可靠,如窗户应设栏杆,暖气片或钢琴等应加装保护罩,并放置在指定区域,幼儿园教师应提醒幼儿注意安全。

2. 幼儿园教师要定期对幼儿进行安全教育,通过讲故事、看幻灯片等方式向幼儿讲解预防意外事故的有关常识。

3. 幼儿教师要提高工作责任心,全方位观察幼儿的活动情况,适当给予指导和危险提示。

案例二　幼儿园大型玩具伤害幼儿

❀ 案例呈现

一天下午,某幼儿园6岁的子怡小朋友,与同班其他小朋友在老师的带领下一起来到幼儿园操场玩耍。老师组织孩子们玩单杠,个子大一些的男孩子可以顺利完成,子怡玩的时候没有坚持住,结果掉到了坚硬的水泥地上。老师以为没事,只是把她扶了起来,问了一下情况,安慰了几句就带着孩子们继续活动。

等晚上回家后,子怡跟妈妈说自己屁股疼得厉害,家长立即把她送到医院,检查发现是尾骨挫伤,需要卧床静养。第二天,子怡家长找到老师询问事情的经过,听完事情经过的描述,子怡的母亲非常生气,对幼儿园老师很不满意,要求幼儿园老师给予补偿。幼儿园领导认为,老师是按照班级同学的年龄特点组织活动,由于子怡个子矮,达不到活动要求等一些个人因素,造成身体受伤;况且老师当时已经询问过子怡身体情况,她说没事,所以老师不承担责任。子怡的母亲更生气了,一纸诉状将幼儿园告上了法庭。经过审理法院判决幼儿园赔偿子怡8 000余元。

✿ 案例诊断

这是一起由幼儿园单杠对幼儿造成伤害引起的民事赔偿事件。

✿ 政策法规看案例

本案中,幼儿园教师组织幼儿玩单杠,单杠下面是坚硬的水泥地,而水泥地上并没有摆放相关的保护设施。作为组织教师应当预见到玩单杠可能会发生的危险,采取必要的防护措施。本案中,组织教师疏忽了可能产生的危险,既没有摆放一些软体垫子加以预防,也没有在子怡玩的时候对其加以重点保护,结果造成了子怡受伤。对此,幼儿园具有不可推卸的责任。幼儿园中的大型玩具,如滑梯、攀登架、蹦蹦床、秋千等都可能存在着类似的安全隐患。

《学生伤害事故处理办法》规定:"幼儿受到伤害,幼儿园发现但未根据实际情况及时采取相应措施,导致不良后果加重的,幼儿园要承担相应的责任。"

《幼儿园管理条例》第二十一条明确规定:"幼儿园的园舍和设施有可能发生危险时,举办幼儿园的单位或个人应当采取措施,排除险情,防止事故发生。"

《幼儿园工作规程》第三十六条规定:"幼儿园的教具、玩具应有教育意义并符合安全、卫生的要求。"因此,幼儿园有义务确保园内设施器具安全、卫生,教师在教育活动中负有防止学生的身体或生命因教育活动而遭受侵害的义务。

《最高人民法院关于审理人身损害赔偿案件适用法律若干问题的解释》第七条明确规定:"对未成年人依法负有教育、管理、保护义务的学校、幼儿园或者其他教育机构,未尽职责范围内的相关义务致使未成年人遭受人身损害,或者未成年人致他人人身损害的,应当承担与其过错相应的赔偿责任。"

子怡是未成年人,负有管理和保护职责的幼儿园教师在组织子怡进行游戏活动时,应做好保护工作。由于幼儿园教师疏忽大意,保护不当,造成了子怡身体伤害,幼儿园应承担过错责任。

─┤ 防范指南 ├─

1. 定期对园舍、设施设备、仪器进行安全检查,改善园内环境。营造尊重幼儿生命、保障幼儿安全的、充满关爱的、健康的幼儿园环境。

2. 完善教师组织学生进行户外活动的规章制度,提高每一位教师的安全意识,对于班级里的一些特殊孩子要重点关注和保护。

3. 对幼儿进行安全教育,提高他们自我保护意识,同时培养提高他们自我保护的能力。

4. 家园配合,帮助幼儿树立牢固的安全意识。

案例三 ▶ 幼儿园园内游泳池伤害幼儿

✿ 案例呈现

幼儿园的院内有一个废弃不用的游泳池,游泳池内从未注过水,只有一个小桥供幼儿玩耍。但是由于园领导的疏忽,游泳池的边缘没有做任何保护措施,只是叮嘱老师看好幼儿。某日上午做课间操的时候,小米没有听从老师的安排去排队做操,而是跟其他班的小朋友追逐打闹。由于老师一时没有看住,小米跑到了游泳池的旁边,在与另一个小朋友嬉戏打闹的时候一不小心掉下游泳池,躺在地上不能动弹,脸色苍白。老师赶紧把小米送到医院救治。经医院检查,小米左脚踝错位,需要卧床休息。

幼儿园领导第一时间跟小米的爸爸妈妈沟通,并主动赔偿小米的医药费、住院费和一部分精神损失费。小米的家长对园领导和老师的态度十分满意,对事件的赔偿结果也表示接受。

✿ 案例诊断

这是一起由于园领导对园内设施安全隐患重视不到位造成的事故。

❈ **政策法规看案例**

本案中的游泳池存在严重的安全隐患,而园领导却心存侥幸,自以为老师看紧点就不会有事故发生,这是极其不负责任的表现。对于园内一些不合理的设施,幼儿园要坚决予以更换或修整。

《幼儿园教育指导纲要(试行)》指出:"幼儿园必须把保护幼儿的生命和促进幼儿的健康放在工作的首位。"要合理开展户外的游戏活动,必须以幼儿的生命安全得到保障为前提。

《最高人民法院关于审理人身损害赔偿案件若干问题的解释》第七条的相关规定:"对未成年人依法负有教育、管理、保护义务的学校、幼儿园或者其他教育机构,未尽职责范围内的相关义务致使未成年人遭受人身损害,或者未成年人致他人人身损害的,应当承担与其过错相应的赔偿责任。"

《中华人民共和国未成年人保护法》第二十二条当中也规定:"学校、幼儿园、托儿所应当建立安全制度,加强对未成年人的安全教育,采取措施保障未成年人的人身安全。学校、幼儿园、托儿所不得在危及未成年人人身安全、健康的校舍和其他设施、场所中进行教育教学活动。"

本案中幼儿园的游泳池明显存在安全隐患,需要及时进行维修处理。园领导认识到幼儿园在此次事故中应负全责,态度端正,事故发生后处理及时。

防范指南

1. 严格按照幼儿的身心特点建设园内设施,对一些存在安全隐患的设施设备要定期进行检查和维护,做好各种防护措施。
2. 定期对幼儿进行安全教育,提高幼儿自我保护和防范意识。
3. 加强教师对户外游戏活动的组织与管理,对于一些比较活泼的幼儿要格外注意。

案例四 生锈的铁钉刺伤幼儿

❈ **案例呈现**

幼儿园中班的小朋友在进行浮沉游戏。突然,军军小朋友被其中的一种实验材料——一枚生锈的铁钉划破了手,当班的黄老师赶紧为军军粘上创可贴止血。

家长询问情况,孩子只是说擦破点皮,在第二天问清楚具体情况后赶紧将军军送往医院处理。军军的妈妈向幼儿园提出索赔要求,理由是幼儿园没有及时将军军送往医院打破伤风针,也没有在离园时告知家长实情,要求幼儿园赔偿医疗费和误工费,并赔礼道歉。

面对家长的指责和提出的赔偿要求,幼儿园认为事件是由于黄老师违反幼儿园工作规程引起的,家长可直接向黄老师索赔;而黄老师认为幼儿只是被铁钉划破了手,家长无须大惊小怪,同时提出铁钉生锈是幼儿园的责任,如果赔偿也应该是幼儿园赔偿。

三方各执一词,这场纠纷到底该如何处理?

❈ **案例诊断**

这是一起由于幼儿园实验材料不合格而导致幼儿受伤的事故。

❈ **政策法规看案例**

《幼儿园管理条例》第十九条规定:"幼儿园应当建立安全防护制度,严禁在幼儿园内设置威胁幼儿园安全的危险建筑物和设施,严禁使用有毒、有害物质作教具、玩具。"

《最高人民法院关于执行〈中华人民共和国民法通则〉若干问题的意见》第一百六十条:"在幼儿园、学校生活、学习的无民事行为能力人或者在精神病院治疗的精神病人,受到伤害或给他人造成损害,单位有过错的,可以责令这些单位适当给予赔偿。"

《最高人民法院关于审理人身损害赔偿案件适用法律若干问题的解释》第七条第一款规定:"对未

成年人依法负有教育、管理、保护义务的学校、幼儿园或者其他教育机构,未尽职责范围内的相关义务致使未成年人遭受人身损害,或者未成年人致他人人身损害的,应当承担与其过错相应的赔偿责任。"

《中华人民共和国未成年人保护法》明确了幼儿园和教师的保护职责,第二十二条规定:"学校、幼儿园、托儿所应当建立安全制度,加强对未成年人的安全教育,采取措施保障未成年人的人身安全。学校、幼儿园、托儿所不得在危及未成年人人身安全、健康的校舍和其他设施、场所中进行教育教学活动。学校、幼儿园安排未成年人参加集会、文化娱乐、社会实践等集体活动,应当有利于未成年人的健康成长,防止发生人身安全事故。"

《中华人民共和国民法通则》(以下简称《民法通则》)和《最高人民法院关于贯彻执行〈中华人民共和国民法通则〉若干问题的意见(试行)》均明确规定责任认定和损害赔偿的范围:"孩子在幼儿园受到伤害,单位有过错的,单位应该承担赔偿责任。"

《中华人民共和国侵权责任法》(以下简称《侵权责任法》)第三十八条也明确规定:"无民事行为能力人在幼儿园、学校或者其他教育机构学习、生活期间受到人身损害的,幼儿园、学校或者其他教育机构应当承担责任,但能够证明尽到教育、管理职责的,不承担责任。"

本案例中生锈的铁钉是造成幼儿伤害的主要原因,幼儿园负全责,应给予赔偿。

防范指南

1. 幼儿园要加强对玩教具的管理,及时更换不合格的游戏材料。
2. 幼儿园及教师应完善玩教具管理使用的相关规定,并遵照执行。
3. 教师应认真备课,充分预计各种可能发生的情况并做好预防工作。
4. 幼儿园应建立、健全安全制度并切实监督、执行。

案例五　幼儿楼梯处打闹导致颈椎错位

✳ **案例呈现**

大四班的五六、五七是一对非常可爱的双胞胎,平时喜欢打打闹闹。他们所在的幼儿园是一所由小学校舍改造的乡镇中心幼儿园,活动室在一楼,午休室在二楼。因楼梯年代久远,设计不合理,上下楼梯时极易发生危险。这天中午起床后老师把幼儿叫醒,就如往常一样去帮女孩子们梳头了。五六、五七又打闹起来,在楼梯的拐角处五六一不小心把五七推了下来,导致五七从楼梯上滚了下去。老师赶紧把五七送到医院并第一时间通知了五六、五七的父母,经医院诊断五七颈椎错位,需要卧床静养。前后共花去医药费一万元。

五六、五七的妈妈觉得是幼儿园的楼梯设计不合理,而且幼儿园教师工作严重失误,故而向幼儿园提出赔偿。但是园领导和老师觉得这是五六、五七自己打闹造成的,幼儿园不应承担相应的责任。五六、五七的妈妈特别生气,将幼儿园告上法庭。

✳ **案例诊断**

这是一起由幼儿园楼梯设计不合理,老师工作疏忽造成的伤害事故纠纷。

✳ **政策法规看案例**

本案中,教室的楼梯存在安全隐患,幼儿园没有及时发现,这是事故发生的原因之一。另外,老师也疏忽了可能发生的危险,没有及时的加以制止,也是一部分原因。

《幼儿园管理条例》第二十一条明确规定:"幼儿园的园舍和设施有可能发生危险时,举办幼儿园的单位或个人应当采取措施,防止事故的发生。"幼儿园和老师有义务和责任保护幼儿的人身安全。

《学生伤害事故处理办法》第九条第(一)项规定:"学校的校舍、场地、其他公共设施,以及学校提供给学生使用的学具、教育教学和生活设施、设备,不符合国家规定的标准或者有明显不安全因素,造成学生伤害事故的,学校应当依法承担相应的责任。"

《中华人民共和国未成年人保护法》第二十二条也明确规定:"学校、幼儿园、托儿所应当建立安全制度,加强对未成年人的安全教育,采取措施保障未成年人的人身安全。"

《中华人民共和国民法通则》和《最高人民法院关于贯彻执行〈中华人民共和国民法通则〉若干问题的意见(试行)》均明确规定责任认定和损害赔偿的范围:"孩子在幼儿园受到伤害,单位有过错的,单位应该承担赔偿责任。"

本案中,上下楼梯较陡,年久失修,明显存在安全隐患,所以幼儿园应承担全部责任。

防范指南

1. 幼儿园应增强责任意识,对于一些容易造成伤害的设施应及时修补,消除安全隐患。

2. 幼儿园教师应在一些容易发生危险的地方密切关注学生活动,提醒格外小心。比如在幼儿上下楼梯时,要提醒幼儿禁止打闹,集中注意力,慢上慢下。

3. 教师要有明确的分工,在幼儿一日活动中要全面观察幼儿的活动情况并制止可能发生的危险。

学练结合

一、幼儿园教师在组织幼儿开展户外活动的时候,哪些因素容易造成幼儿的伤害?

二、阅读并分析以下案例

1. 森森是一名幼儿教师,在一家幼儿园教小班,他们班有21个孩子,只有森森一个人带班。上个月发生了一件不幸的事,一个4岁的男孩在园内的幼儿活动场内一不小心摔倒了,结果胳膊划在地上的玻璃碎片上,划了近80 mm左右的一个大口子,到医院缝了30多针。现在孩子的胳膊已经痊愈,但留下了很大的疤痕,孩子的母亲很伤心,森森也很伤心。

现在幼儿家长要求幼儿园承担医疗费用和伤疤整形费用,以及伤害赔偿费,幼儿园想让森森承担部分费用,并且已经扣了森森一个月工资2 500元,可能还要承担更多,她又无力赔偿。

分析案例中的森森老师需要赔偿吗,为什么?

2. 某幼儿园中班于上午9点进入操场,在操场边缘的绿草坪上捡拾梧桐树上掉落下来的梧桐花。5岁幼儿李亮正在石桌上摆弄着捡来的梧桐花,一个小班也开始分两组各由一位教师带领进入操场。当3岁半的郭涵看到本班第一组孩子在老师的带领下已进入草坪时便跑了过去,途中不小心将李亮碰倒。李亮碰在石凳上,被医院诊断为唇颌面软组织撕裂伤,缝合9针,并将两颗松动的乳牙拔掉。当时操场只有这两个班幼儿活动,秩序井然,教师忠于职守,事故的发生纯属意外,不是由于教师的疏漏引起。李亮家长的态度是:自己的孩子被郭涵推倒是因为老师没看管好孩子,所以幼儿园应负全责。此事家园双方分歧较大,且家长索赔数额又高,因此双方未达成协议,李亮家长于是提起诉讼,向幼儿园和老师提出5 000元的诉讼请求。

请对以上事故进行责任认定并说明理由。

第 三 章

园内保育活动事故责任认定与防范

■ 基本理论

幼儿园保育活动是指学前教育机构中满足儿童基本生活需要的活动,主要包括餐饮活动、睡眠活动、盥洗活动、如厕活动、整理活动、散步活动、自由活动等,这是构成幼儿一日生活的重要组成部分。

因为学前阶段幼儿正处在身体快速生长、神经系统不断成熟的关键期,他们的身心发展还未成熟,无论是在身体活动、自我照顾还是独立生活等方面都缺乏相应的经验和能力,不具备自主料理个人日常生活的能力,需要成人的精心呵护和照顾,接受健康正规、充满爱护的保育教育。比如提醒幼儿饭前便后洗手,教会他们正确洗手的方法;课间提醒他们如厕,照顾个别需要帮助的幼儿;吃饭时做好餐前教育,热情洋溢地介绍当日饭菜,指导幼儿干稀结合、饭后漱口,组织餐后散步;午睡时指导幼儿有序穿脱衣服,盖好被子,同时做到多巡视、勤护理;起床时观察幼儿情绪,提醒多喝水等。

国家出台的一些政策法规文件对教师提出了专业要求。《幼儿园教师专业标准(试行)》第二十八条和第四十一条规定:"教师应掌握幼儿园环境创设、一日生活安排、游戏与教育活动、保育和班级管理的知识和方法",教师应该"科学照料幼儿日常生活,指导和协助保育员做好班级常规保育和卫生工作"。

幼儿园日常生活的组织对幼儿生活能力的培养有着非常重要的作用,《幼儿园工作规程》第二十七条要求:"幼儿园日常生活组织,要从实际出发,建立必要的合理的常规,坚持一贯性、一致性和灵活性原则,培养幼儿的良好习惯和初步的生活自理能力。"

教师要重视在入园、如厕、洗手、餐点、喝水、午睡等生活环节对幼儿的照料,重点培养幼儿的生活自理能力,在细节中保证幼儿的身心健康发展。

■ 案例时段

案例一　幼儿午睡时间教师脱岗致幼儿受伤

❋ 案例呈现

这天中午,某幼儿园大三班的寝室里,伴随着轻柔的音乐声,大部分幼儿都已安然入睡,只见张老师正在一边安抚一边轻拍着平日最不爱睡觉的淘淘。过了一会儿,轻柔的音乐声结束了,整个寝室静悄悄的,就连淘淘也闭上眼睛,一动不动地躺着。就在这时,张老师手机收到快递信息,几天前网购的衣服放到了幼儿园收发室。这件衣服张老师心仪已久，一听说到货了，心里就像是长了草一样，恨不得马上就把衣服捧在手里，穿在身上。于是，张老师环顾了一下安静的寝室，便轻手轻脚地走出了班级，来到了幼儿园大门口的收发室。

当张老师再回到寝室时，意想不到的一幕出现在眼前：只见淘淘光着脚在地上又蹦又跳，睡在淘淘旁边的果果却坐在床上大哭，其他幼儿也被果果的哭声吵醒，整个寝室混乱不堪。经张老师了解，原来淘淘根本没睡着，老师一离开，他就吵醒了刚睡着的果果，两人你推我、我推你，果果的头一不小心撞到了床边的扶手上，头上已经起了一个大包。

下午起床后，张老师又检查了一下果果头上的包，发现已经不太明显了，而且果果也没有再哭闹，一下午的情绪状态都很好。直到晚上离园，张老师也没有和果果的家长沟通此事。

谁知第二天一早，果果的妈妈就找到了园长办公室，质问园长："作为教师，中午为什么脱岗？孩子受伤后，为什么不及时和家长沟通？"果果妈妈要求园长必须就此事给个说法。

❋ 案例诊断

这是一起幼儿午睡时教师脱岗而引发的幼儿受伤事故。

❋ 政策法规看案例

案例中的张老师不仅对午睡工作掉以轻心，擅离职守，而且在意外发生后，对果果的伤情不够重视，没有及时与保健医和幼儿家长沟通，处理太过随意。

张老师的行为反映出幼儿园的相关管理工作不到位。首先，幼儿园对午睡工作缺乏相应的管理措施及必要的监督和检查；第二，幼儿园对教师的安全培训工作不到位，教师对意外事故的处理常识了解不够，导致事故处理过于随意，并由此引发家长的不满。

《学生伤害事故处理办法》第十五条规定："发生学生伤害事故，学校应当及时救助受伤害学生，并应当及时告知未成年学生的监护人；有条件的，应当采取紧急救援等方式救助。"

《幼儿园工作规程》第四十五条规定："对认真履行职责、成绩优良的幼儿园教职工，应当按照有关规定给予奖励。对不履行职责的幼儿园教职工，应当视情节轻重，依法依规给予相应处分。"

案例中幼儿午睡环节教师脱岗成为导致这起事故的主要原因，幼儿园应负全部责任。

▰ 防范指南

1. 幼儿园应加强管理，使教师们能正确认识岗位职责及各环节容易发生的问题，在幼儿午睡时，教师必须在寝室内照看好幼儿，认真做好巡视、看护工作。

2. 建立完备的规章制度，完善幼儿午睡管理细则，明确教师午间值班的规范要求，牢固树立以幼儿为中心的思想。

3. 幼儿园要加强师德教育，增强教师对幼儿及幼教事业的热爱之情，不断提升教师的责任意识。

案例二 教师疏忽导致幼儿死亡

❋ 案例呈现

天天是某乡镇幼儿园的一名小班幼儿，该园师幼比例大，一个班有五十几名幼儿。这天中午天天面对碗里的饭菜丝毫没有食欲，粒米未进。保育员王老师忙于照顾其他幼儿并未过多关注天天，于是天天没有吃午饭便上床午休了。下午户外活动时，脸色苍白的天天找到王老师说不舒服，王老师将天天带到幼儿园医务室，天天在园医进行常规诊治时突然晕倒，园医建议立即将天天送往医院，可王老师认为，天天只不过是因为没有吃午饭饿晕了，没什么大问题。双方一番讨论，耽误了不少时间，致使天天没有及时得到治疗,在送往医院的途中死亡。天天的家长赶到后伤心欲绝,要求幼儿园赔偿。

❋ **案例诊断**

这是一起涉及日常保育活动中不履行法定义务所产生的法律责任问题。

❋ **政策法规看案例**

幼儿具有活泼好动且自我保护意识和能力较弱的特点,面对突发的情况极易受到伤害。无论是教师还是保育教师,对幼儿均有教育、管理、保护的责任,在幼儿发生安全事故时,应及时冷静地处理、准确果断地救护。

《幼儿园教师专业标准(试行)》中对幼儿园教师的救护知识及能力提出了要求,在第二十九条中明确提出幼儿园教师应该"掌握意外事故和危险情况下幼儿安全防护与救助的基本方法"。

《托儿所幼儿园卫生保健工作规范》中也提出了要定期对教师实施安全培训,提高教师的应急能力及急救技能。其中,伤害预防部分第四条规定:"托幼机构应当加强对工作人员、儿童及监护人的安全教育和突发事件应急处理能力的培训,定期进行安全演练,普及安全知识,提高自我保护和自救的能力。"第五条指出:"保教人员应当定期接受预防儿童伤害相关知识和急救技能的培训,做好儿童安全工作,消除安全隐患,预防跌落、溺水、交通事故、烧(烫)伤、中毒、动物致伤等伤害的发生。"

《学生伤害事故处理办法》第二十三条规定:"对发生学生伤害事故负有责任的组织或者个人,应该按照法律法规的有关规定,承担相应的损害赔偿责任。"

本案例中,作为保育员的王老师对安全隐患的警觉性和预见性不足,错过最佳救助时间,导致幼儿死亡。王老师是在履行相应的职责行为,教师的一切行为和过错都应由园方负责,当幼儿园承担了相应的赔偿责任之后,幼儿园有权向王老师进行追偿。

防范指南

1. 幼儿园要加强管理和宣传,引导全体教师了解自己的义务,并积极履行义务。

2. 幼儿园要对教师进行急救知识技能培训,发现幼儿有异常现象,决不能掉以轻心或主观臆断、草率处理。

案例三 轻微自闭症幼儿在午饭时溜走了

❋ **案例呈现**

乐乐是一个有着轻微自闭的男孩,情绪变化经常很大。这天早晨入园时,乐乐因妈妈没有满足其想吃煎饼果子的愿望而大哭大闹。到户外活动结束时,乐乐的情绪还是很低落。两位老师并未过多关注乐乐的异常表现。午餐开始了,主班张老师在忙着为幼儿盛饭,保育员刘老师见米饭不够,又去食堂打饭。就在这时,乐乐悄悄地离开了教室,恰巧保安离岗,侧门没有上锁,乐乐就这样轻而易举地溜出了幼儿园大门。

下午王老师来接班,在清点人数时,才发现乐乐不见了,于是赶紧报告了园长,通过调取监控确定了乐乐出走时间。幼儿园在第一时间拨打了110并通知了乐乐的家长。面对情绪激动的家长,园长及老师真诚地与其进行了沟通,使家长的情绪逐渐平静下来。一个小时后,警察在离幼儿园两个路口远的马路边发现了迷路的乐乐,并及时带回幼儿园。

❋ **案例诊断**

这是一起幼儿园教育与管理的疏忽导致特殊幼儿走失事故的典型案例。

❋ **政策法规看案例**

幼儿园首先要确保幼儿人身安全,在此基础上才能谈得上实施有效的教育。本案例中,由于幼园安保意识不强,安全管理制度存在漏洞,导致乐乐溜出幼儿园大门。

《中小学幼儿园安全管理办法》第十六条明确规定:"学校应当设立保卫机构,配备专职或者兼职安全保卫人员,明确其安全保卫职责。"第十七条也指出:"学校应当健全门卫制度,建立校外人员入校的登记或者验证制度,禁止无关人员和校外机动车入内……学校门卫应当由专职保安或者其他能够切实履行职责的人员担任。"

案例中乐乐作为有特殊需要的幼儿,教师应该给予特殊关注,并有针对性地使用教育策略和方法。

《幼儿园教师专业标准(试行)》第二十五条将"了解有特殊需要幼儿的身心发展特点及教育策略与方法"作为幼儿园教师的专业标准之一。

《幼儿园教育指导纲要(试行)》第三部分第一条和第十条分别指出幼儿园的教育"是为所有在园幼儿的健康成长服务的,要为每一个儿童,包括有特殊需要的儿童提供积极的支持和帮助",要"关注幼儿的特殊需要,包括各种发展潜能和不同发展障碍,与家庭密切配合,共同促进幼儿健康成长"。

该案例中,乐乐作为患有轻微自闭症的孩子,在情绪与交往方面存在较大障碍,但是张老师并没有对乐乐这样有特殊需要的儿童给予特别的照顾。张老师对乐乐的溜走是应该承担一定责任的。

防范指南

1. 教师应该了解有特殊需要幼儿的身心发展特点,创设适宜的教育环境,采用适宜的教育策略,促进其身心健康发展。

2. 幼儿园应强化安保人员的责任意识,明确岗位职责,把好幼儿园安全防线,确保幼儿在园安全。

案例四 让幼儿在厕所吃饭遭到家长起诉

✽ 案例呈现

点点做事情非常拖沓,尤其吃饭环节,每次吃饭总是拖到最后,常常是保育员刘老师推着要送往食堂的餐车等着他一个人。这天午餐时,点点不但吃饭慢,而且还边吃边说话,影响了旁边幼儿的正常进餐。刘老师一气之下,把点点的饭端到了厕所里,让点点在那儿吃。

点点的妈妈知道此事后异常气愤,向幼儿园反应多次仍迟迟得不到满意的答复。于是点点的妈妈以孩子法定代理人的身份向区法院递交了诉状,要求幼儿园和当事教师在全园师生大会上向点点道歉,并赔偿精神损失费1 000元。

✽ 案例诊断

这是一起教师伤害幼儿身心健康而被监护人告上法庭的案例。

✽ 政策法规看案例

本案例中,老师因点点吃饭慢,并且影响其他幼儿进餐,而让其在厕所吃饭。教师的这种行为侵犯了点点的人格尊严权,对点点的心理健康造成了极其不良的影响。

作为一名幼儿园教师,其职业道德之一就是遵守教育法律法规,贯彻党和国家的教育方针政策。《中小学教师职业道德规范》第一条就明确规定:"中小学教师包括幼儿园教师要爱国守法,热爱祖国,热爱人民,拥护中国共产党领导,拥护社会主义。全面贯彻国家教育方针,自觉遵守教育法律法规,依法履行教师职责权利。不得有违背党和国家方针政策的言行"。

《幼儿园教师专业标准(试行)》基本理念之一就是"幼儿为本""师德为先",教师应充分尊重幼儿权益,履行教师职业道德规范,在实践中"贯彻党和国家教育方针政策,遵守教育法律法规"。

《幼儿园管理条例》第二十八条指出:"体罚或变相体罚幼儿的情形,由教育行政部门对直接责任人员给予警告、罚款的行政处罚,或者由教育行政部分建议有关部门对责任人员给予行政处分……情节严重,构成犯罪的,由司法机关依法追究刑事责任。"

另外,《未成年人保护法》与《教师法》中,对于教师伤害幼儿身心健康的行为也都有明确的法律责任界定,教师一旦违反相关规定,将会受到相应的法律制裁。

因此,案例中刘老师及所在的幼儿园应该公开向点点道歉并赔偿其精神损失。

防范指南

1. 幼儿园应组织教师进行法律法规相关培训,使教师在具备幼儿心理发展知识、幼儿教育知识的同时,更要具备相关的教育法律法规知识,以约束自己的教育行为,指导实际教育工作的开展。

2. 幼儿园教师还要在实践中勤于反思,对照法律法规中的具体规定反思自己的教育实践活动,时时检视并不断完善自己的专业理念,在保教工作中全面贯彻落实党的教育方针和学前教育法律法规。

案例五　一名幼儿呕吐传染数名幼儿病发

❋ 案例呈现

时值国庆节返园第一天,孩子们都兴奋地讲述着假期旅游见闻。上午集体活动时,小宇突然举手说自己想吐,话音刚落,只见小宇的呕吐物呈喷射状四溅。保育员王老师赶紧带小宇到卫生间清洗,主班教师张老师也及时把活动室的污物清理干净。

呕吐过后的小宇情绪也似乎好了许多,于是,王老师带着小宇又回到班集体中继续参加张老师组织的活动。两个小时后,其他幼儿正在等待午餐的到来,小宇再一次呕吐,甚至弄脏了周边桌子及小朋友的鞋子。王老师赶紧带小宇去医务室检查,医生建议通知小宇家长将其接走。

第二天上午,班内3名幼儿发生了和小宇相同的症状,呕吐不止。到了下午,又陆续有几名幼儿呕吐。经检查这些孩子是因为感染了诺如病毒,截止到第三天,班上共有9名幼儿被感染。班上的39名幼儿家长异常气愤,带领媒体记者找到了园长办公室,要求讨个说法。

❋ 案例诊断

这是一起因卫生消毒和处置不到位而引发疾病传播的事故。

❋ 政策法规看案例

儿童在幼儿阶段身心发育都很脆弱,抵御疾病的能力较差,自我保护能力不足,需要成人的保护和照顾。

国家出台的一些政策条文明确规定,幼儿园应建立幼儿入园的健康检查制度,防止疾病的发生与传播。《幼儿园工作规程》第十九、二十条明确提出幼儿园应当"建立幼儿健康检查制度和幼儿健康卡或档案""建立卫生消毒、病儿隔离制度,认真做好计划免疫和疾病防治工作""建立卫生保健制度,防止发生食物中毒和传染病的流行"。

《幼儿园工作规程》第二十条指出:"幼儿园应当建立卫生消毒、晨检、午检制度和病儿隔离制度,配合卫生部门做好计划免疫工作。幼儿园应当建立传染病预防和管理制度,制定突发传染病应急预案,认真做好疾病防控工作。"

《托儿所幼儿园卫生保健工作规范》对晨午检做出了详细的规定:"(1)做好每日晨间或午间入园(所)检查。检查内容包括询问儿童在家有无异常情况,观察精神状况、有无发热和皮肤异常,检查有无携带不安全物品等,发现问题及时处理。(2)应当对儿童进行全日健康观察,内容包括饮食、睡眠、大小便、精神状况、情绪、行为等,并做好观察及处理记录。(3)卫生保健人员每日深入班级巡视2次,发现患病、疑似传染病儿童应当尽快隔离并与家长联系,及时到医院诊治,并追访诊治结果。(4)患病儿童应当离园(所)休息治疗。如果接受家长委托喂药时,应当做好药品交接和登记,并请家长签字确认。"

案例中,幼儿的不适反应及病菌的传播并未引起教师的重视,由于教师工作的疏忽大意,导致了疾病的传播和蔓延,幼儿园负全责。幼儿园应当严格执行《托儿所幼儿园卫生保健管理办法》以及其他有关卫生保健的法规、规章和制度,切实把幼儿的健康放在工作的首位。

防范指南

1. 幼儿园应定期安排保健医生进行专题讲座,指导幼儿园教师和保育员学习一些简单的疾病传播及消毒工作的常识,并使之成为一种常态。

2. 幼儿园应制定应急预案,并对全体教师进行培训,提高幼儿园教师应对突发事件的能力。

3. 幼儿园教师要增强工作责任心,及时观察幼儿的身体变化,提早发现安全隐患,预防事故的发生和扩大。

■ 学练结合

一、幼儿园保育活动包括哪些内容?

二、阅读并分析以下案例

1. 壮壮是某幼儿园的一名回族小朋友,全家都不吃猪肉,壮壮妈妈也就这一情况跟保育员王老师沟通过。而王老师却认为孩子还小,与宗教信仰相比,身体健康更重要,不吃猪肉会导致营养不良,所以在吃饭时经常要求壮壮吃含猪肉的各种炒菜。

案例中保育员王老师的做法是否正确?

2. 下午离园时,中一班几名孩子陆续说眼睛疼,刚好保健医路过,经检查发现这几名孩子的眼睛发红,疑似红眼病。可是早晨入园晨检时,这几名孩子的眼睛并未见异常。于是保健医嘱咐几名幼儿家长为孩子点眼药水。

幼儿全部离园后,中一班保育员刘老师来到园长办公室,涨红了脸怯怯地说道:"上午孩子们区域活动时,我错开了紫外线灯,大概有半个多小时才发现。"园长马上咨询了眼科专家,得到反馈:"孩子们的眼睛是轻度灼伤,需点灼伤药水,如不见好转需到医院治疗。"

此案例中发生事故的主要原因是什么? 如果你是园长,你如何处理这起事故?

第 四 章
园内教育活动事故责任认定与防范

　　幼儿园一日生活中,能促进幼儿各方面发展的、具有教育作用的活动都可以称为教育活动。幼儿园教育活动需贯彻党和国家的教育方针,坚持保育与教育工作相结合的原则,全面落实《幼儿园工作规程》所提出的保育教育目标。幼儿园教育的内容是广泛的、启蒙性的,内容都应包含知识技能、情感态度、活动方式方法等方面。

　　幼儿园教育过程应依据幼儿的学习特点进行整合处理,以使幼儿通过真实而有意义的活动生动、活泼、主动地学习,获得完整的经验,促进身心全面和谐的发展。因时、因地、因内容和幼儿的学习特点,灵活运用集体、小组、个别等活动形式。教师直接指导的活动和非直接指导的活动之间保持适当比例,保证幼儿每天有充足的时间自主地进行活动。幼儿园和幼儿园教师要为教育活动提供良好的教育环境和丰富的游戏材料。

　　幼儿园教育活动作为学前儿童全面发展教育的重要手段,由于幼儿特殊的年龄阶段和幼儿园教育活动的特点,也易发生教育活动事故,需要引起广大幼儿园教师的重视。

　　本章教学活动专指幼儿园教师根据国家学前教育目标和任务,结合社会需求和学前儿童身心发展规律而专门设计的,具有多形式、有目的、有计划的特征,引导学前儿童生动活泼、主动学习的活动。

■ 案例时段

案例一　　幼儿园开展区域活动中发生的食物中毒

❋ 案例呈现

　　某幼儿园某班为了丰富幼儿区域活动,开展了"美食节"区角活动。活动中用到的食物均为幼儿自带。在一次活动后,班级内多数幼儿出现腹泻、呕吐等疑似食物中毒症状。班内老师及时上报了园内领导,通知了家长,并将幼儿及时送入医院观察,无危重病童。

　　事后卫生部门对幼儿园食物、食材以及幼儿呕吐物、排泄物进行了取样,到底是什么原因导致问题发生,还需要通过进一步检测分析来确定。

　　幼儿园及时向家长赔礼道歉并承担所有相关费用。

❋ 案例诊断

这是一起由幼儿自带食物开展活动并食用后引起食物中毒的典型案例。

❋ 政策法规看案例

案例中的幼儿教师在开展区域活动时,并没有将食物安全作为考虑重点,为了活动的开展自行决定让幼儿自带食品入园。这种做法违反了《幼儿园工作规程》提出的"幼儿园应当严格执行国家有关食品药品安全、饮食饮水卫生安全"的相关规定。

《幼儿园工作规程》第十二条规定:"幼儿园应当严格执行国家和地方幼儿园安全管理的相关规定,建立健全房屋、设备、消防、交通、食品、药物、幼儿接送交接、活动组织等安全防护和检查制度,建立安全责任制和应急预案。"第十四条规定:"幼儿园应当严格执行国家有关食品药品安全的法律法规,保障饮食饮水卫生安全。"

关于幼儿食品供给,《幼儿园工作规程》做出了明确具体的要求。第二十一条规定:"供给膳食的幼儿园应当为幼儿提供安全卫生的食品……幼儿园应当每周向家长公示食谱,并按照相关规定进行食品留样。"

本案中,幼儿教师食品安全意识淡薄,是导致这次事件的主要原因。因此,幼儿园应负全责。

防范指南

1. 教育局和审批管理部门要严把关口,确保幼儿园制度健全完善,各项监管措施到位,贯彻落实《幼儿园食品卫生管理制度》《幼儿园食物中毒应急预案》等。

2. 幼儿园和教师要依法办园、依法执教,以保障幼儿最大利益为原则,加强全体教师食品安全教育,提高教师食品安全意识。

案例二 教师之间聊天引发幼儿间的伤害

❋ 案例呈现

张老师是大一班的一名老师,在上班时,偶尔有串班聊天的习惯,领导多次提醒和批评,张老师却总是控制不住自己。一次在班级幼儿玩玩具活动中,本来该带班的她,却又和在楼道做环创的大二班李老师主动聊起了天。

小明和小军是班里比较调皮的孩子,小明看到张老师与其他老师聊得正起劲,便开始与小军打闹起来。小明抓伤了小军的脸,还出了血,并且伤在眼睛附近。放学时,张老师与小明、小军的妈妈沟通,说:"小军的脸是小明抓伤的,小明非常淘气,总是不停地与其他小朋友发生争执,作为家长真的该严加管教了。"小明却说是小军先抢了他的玩具,还说老师在和外面的老师说话所以喊老师时老师没听到。小明的妈妈很不开心说道:"我们家长信任老师,把孩子交给老师,现在在幼儿园出了问题,小朋友出现争执,老师没有及时制止,却把责任推卸到家长头上。"小军的妈妈也非常生气,两人一起去找园长反映了情况。园长调查了事情的缘由,只能给家长道歉。

❋ 案例诊断

这是一起由于幼儿园教师在带班期间未认真履行岗位职责,进而间接导致幼儿间相互伤害的典型事故案例。

❋ 政治法规看案例

本案例可以清楚地看到,班级中两个孩子的伤害事故是由于张老师上班时聊天造成的。这涉及幼儿园管理和教师的职责问题。从案例中可以看到,是幼儿教师责任心不强,疏于管理,对孩子照料、关怀和爱护不够。

《教师法》中明确规定了教师应当遵守宪法、法律和职业道德,为人师表。案例中的张老师偶尔有在上班时到别班聊天的习惯,尽管园领导多次提醒和批评,张老师却总是控制不住自己。正是由于她这种缺乏责任感的行为间接导致了两个幼儿的受伤。

《中小学幼儿园安全管理办法》第二十八条明确规定:"学校在日常的教育教学活动中应当遵循教学规范,落实安全管理要求,合理预见、积极防范可能发生的风险。学校组织学生参加的集体劳动、教学实习或者社会实践活动,应当符合学生的心理、生理特点和身体健康状况。学校以及接受学生参加教育教学活动的单位必须采取有效措施,为学生活动提供安全保障。"

《学生伤害事故处理办法》第九条情形(十)明确规定:"学校教师或者其他工作人员在负有组织、管理未成年学生的职责期间,发现学生行为具有危险性,但未进行必要的管理、告诫或者制止的造成的学生伤害事故,学校应当依法承担相应的责任"。所以,该案例中,幼儿园应负全责。

防范指南

1. 幼儿园应加强对教师的管理,禁止教师擅自离岗。教师应提高责任意识,加强对班级管理的责任。

2. 幼儿园可以组织幼儿园教师加强学习,帮助教师全面深刻理解教师职责内容。

3. 幼儿园教师与家长沟通要讲究方法,遇事先反思自己。

案例三 教育过程中保教人员配合不默契致幼儿磕伤

案例呈现

周一的下午,小二班张老师准备组织幼儿进行桌面玩具活动,李老师则在整理其他玩具,保育员老师在整理幼儿被褥。张老师开始发放玩具,一名幼儿走到张老师跟前说:"老师,我想小便。"张老师点头允许。幼儿慌忙跑去厕所,跑到厕所与活动室中间的门时,不小心滑倒,脑门磕到了门后包裹暖气片的箱体上,幼儿当时大声哭了起来,听到哭声的老师们赶紧扶起幼儿查看伤情,第一时间送其到保健室请保健医生处理,并及时上报领导通知家长。幼儿园听从保健医生的建议经过简单处理后将幼儿送往医院进行医治。事后,幼儿园承担了该幼儿全部的医疗费用。

案例诊断

这是一起由于保教人员之间配合不默契导致的幼儿伤害事故。

政策法规看案例

根据《最高人民法院关于贯彻执行〈中华人民共和国民法通则〉若干问题的意见》第一百六十条和《最高人民法院关于审理人身损害赔偿案件适用法律若干问题的解释》第七条关于幼儿园伤害事故过错责任的规定,以及《学生伤害事故处理办法》第九条第九项规定,学校(幼儿园)教师在履行职责过程中违反工作要求、操作规程、职业道德或者其他规定造成学生伤害事故的,学校应承担相应的责任。

此外,根据《幼儿园管理条例》《幼儿园工作规程》等法规有关规定,造成幼儿伤害事故,可根据法律或幼儿园的规章制度对相关责任人和主要管理负责人做出行政处分。

案例当中,造成幼儿伤害事故的原因是教师之间配合不默契,导致去厕所的幼儿处于无人监管的状态,致使幼儿磕伤。三名教师存在过错,对事故负有不可推卸的责任。

1. 重视团队建设,强调教师间默契配合。主、配班教师要配合好,在教育教学过程中配班教师要积极主动做好配班工作,尤其是活动中个别幼儿如厕、喝水环节,一定要有教师进行看护,主班教师看护大部分幼儿,配班教师看护如厕幼儿,做好无缝隙衔接。

2. 抓住身边的实例对幼儿进行安全教育,加强对幼儿进行自我保护意识的教育。

3. 加强教师安全教育培训与学习。

案例四　幼儿误食教育活动中的果蔬引发腹痛

❋ 案例呈现

小三班开展了一次有趣的"蔬果印画"活动。幼儿用雕刻有花纹和图形的胡萝卜、不同横切面的蔬菜,印出了新奇漂亮的图案。因为印画还没有干,杨老师就把作品摆在了橱子上,同时也把蘸有颜料的蔬果盘放在了橱子上。下午起床吃午点时,航航小朋友误食了蘸有颜料的果蔬,出现了腹痛的情况。航航家长十分担心孩子误食的颜料含有重金属,对孩子的生长发育不利;幼儿园也没有证据证明活动中老师使用颜料的安全性,引发了家长与幼儿园的纠纷。

❋ 案例诊断

这是一起因教师看管不当导致幼儿误食引发的纠纷。

❋ 政策法规看案例

《幼儿园教育指导纲要(试行)》指出:"幼儿园必须把保护幼儿的生命和促进幼儿的健康放在工作的首位。"

《中华人民共和国侵权责任法》第三十八条规定:"无民事行为能力人在幼儿园、学校或者其他教育机构学习、生活期间受到人身损害的,幼儿园、学校或者其他教育机构应当承担责任,但能够证明尽到教育、管理职责的,不承担责任。"

此案件中,幼儿完成作品后,教师没有妥善保管和处理没有用完的材料,导致幼儿误食颜料,引起腹部不适现象。教师和幼儿园均存在过错:教师没有尽到管理责任;在活动操作过程中也没有给幼儿讲述颜料的不安全因素,没有尽到教育的责任;幼儿园对所买材料不能出示相关的安全检测报告。因此幼儿园没有对幼儿尽到保护义务,应负全责。

1. 教师在进行教育教学活动中,应对幼儿进行相应的安全教育,对教学活动中可能出现的问题,有一定的预知判断,消除安全隐患。

2. 幼儿园和教师应确保教育教学活动中所使用材料的安全性。

3. 教师必须提高安全责任意识,全面照料幼儿,对幼儿的行动给予必要的组织管理,看管好幼儿,保证幼儿在安全范围内活动。

案例五　幼儿园教育活动中教师脱岗事件

❋ 案例呈现

菲菲是某艺术幼儿园中班的小朋友。一天上午上舞蹈课,菲菲在下腰时受伤,幼儿园直到下午放学才通知家长送往医院。

调查取证时,菲菲回忆她在下腰时,老师在一旁打电话,自己突然觉得腿部又酸又疼,短短几分钟后,走路要扶着墙,痛得很,放学时就没有知觉了。送往医院后,医生诊断为骨髓严重损伤,由于送往医院太迟,错过最佳治疗时间,医生说恢复的可能性很小。

菲菲的家长认为,孩子是在幼儿园上课时受的伤,理应赔偿前期和后期医疗费用以及误工费、交通费等共计77万元。

而幼儿园认为:建园十几年来从来都是这样教幼儿学舞蹈动作的,一直没发生什么事,其他小朋友也在做同样的动作没有受伤,是菲菲自己不小心和个人体质造成的,拒绝赔偿。

❈ 案例诊断

这是一起幼儿在幼儿园组织的教育活动中受伤引起的赔偿责任纠纷。

❈ 政策法规看案例

《中华人民共和国民法通则》第一百一十九条:"侵害公民身体造成伤害的,应当赔偿医疗费、因误工减少的收入、残废者生活补助费等费用;造成死亡的,并应当支付丧葬费、死者生前扶养的人必要的生活费等费用。"

《学生伤害事故处理办法》第九条第八项中规定:"学生在校期间突发疾病或者受到伤害的,学校发现,但未根据实际情况采取相应措施,导致不良后果加重的",学校应当承担相应的责任。

据调查,教师在组织小朋友下腰时,做完示范动作后,就要求小朋友们自己做,教师并没有在一旁看护,未能履行注意和防护的义务,涉事教师是存在过错的。而且,幼儿园在菲菲受伤后,并没有及时采取救助措施,而是等到下午放学时才通知家长,结果导致错过了最佳的治疗时间,造成菲菲双脚恢复知觉的可能性很小,幼儿园是存在过错的,因此幼儿园应承担全部医疗费用。

防范指南

1. 幼儿园组织的舞蹈、溜冰、游泳等技能型课程的学习和训练,对于难度较大、存在一定风险的动作,教师应当有预见,并且做好防护。

2. 幼儿园应加强对教师的管理,禁止教师擅自离岗;教师应提高责任意识,加强对班级管理的责任。

3. 幼儿园教师发现幼儿受伤的情况,一定要及时送往医院并通知家长。

■ 学练结合

一、幼儿园教育活动的组织应充分考虑幼儿的哪些学习方式和特点?

二、阅读并分析以下案例

1. 某幼儿园大班一名幼儿在书写10以内加减运算时被另一名幼儿用铅笔扎伤。当天下午,老师在黑板上讲解10以内加减运算,讲解完毕后老师让幼儿们上桌拿出笔和本子抄题进行计算书写。当时老师是背对着孩子在黑板上书写,孩子自己在写题,有孩子在争吵时老师也没有及时制止,没有观察到,结果一名幼儿用铅笔将旁边幼儿的眼睛扎伤了。老师将幼儿送到医院治疗,被扎伤幼儿家长认为幼儿园和致害幼儿家长应该进行损失赔偿。

你认为应该谁来承担此责任,为什么?

2. 某园有名幼儿曾在一岁多时发生过高热惊厥,但该幼儿入园时,家长并没有把这个情况告诉幼儿园。孩子到了入园年龄顺利入园。一天早上其母将孩子送入园内,把孩子放在班内后便离开了。下午进行活动过程中该幼儿突然从椅子上倒地抽搐,并口吐白沫,老师发现该情况后马上采取急救措施,并叫来救护车并护送至医院。此时家长才告知老师孩子曾有过惊厥史,经过抢救孩子终于好转。但该班老师经过此事后非常后怕,万一孩子没有抢救过来,后果很严重。

案例中幼儿的医疗费用由谁来承担?为什么?

3. 浩浩是某幼儿园大班的小朋友,看到老师在科学区投放了磁铁、铁钉等物品,非常感兴趣,要求参加活动,老师对本区的活动规则进行了详细介绍,并把规则张贴在本区,由于浩浩平时活泼好动,老师特意叮嘱使用钉子时注意安全。后来,在活动中,浩浩与一个女孩发生矛盾,用钉子将其扎伤。事故发生后,幼儿园及时处理并送医。事后,女孩家长就医疗费和赔偿问题多次与浩浩家长协商未果。后又与幼儿园协商,女孩家长认为:孩子入园就意味着将监护责任转移到幼儿园,幼儿园应承担监护责任。幼儿园则认为:活动前老师进行了安全教育,并张贴了规则,在主观和客观上均无过错,不应承担责任。女孩家长遂将幼儿园和浩浩家长作为被告,提起诉讼。

你认为该谁承担责任,为什么?

第 五 章
幼儿自身伤害或病发事故责任认定与防范

■ 基本理论

在人的发展过程中,幼儿阶段是基础。促进幼儿身心全面和谐发展,成为幼儿教育的终极目标。2011 年,国务院颁布了《中国儿童发展纲要(2011—2020 年)》指出:"十年来,国家加快完善保护儿童权利的法律体系,强化政府责任,不断提高儿童工作的法制化和科学化水平,我国儿童生存、保护、发展的环境和条件得到明显改善,儿童权利得到进一步保护,儿童发展取得了巨大成就。"《中国儿童发展纲要(2011—2020 年)》强调:"儿童时期是人生发展的关键时期。为儿童提供必要的生存、发展、受保护和参与的机会和条件,最大限度地满足儿童的发展需要,开发、发挥儿童潜能,将为儿童一生的发展奠定重要基础。""未来十年,是我国全面建设小康社会的关键时期,儿童发展面临前所未有的机遇。贯彻落实科学发展观,将为儿童健康成长创造更加有利的社会环境。制定和实施新一轮儿童发展纲要,将为促进人的全面发展,提高中华民族整体素质奠定更加坚实的基础。"

统计数据表明,意外伤害死亡已成为儿童死亡的首位因素,也是儿童致残的主因。意外伤害还可造成儿童身心发育障碍,给家庭和社会带来沉重的经济负担。造成儿童意外伤害的原因除了有外界因素,比如烧烫伤、碰击伤、挤压伤、砸伤、咬伤、爆炸伤、中毒、触电、溺水、异物伤等之外,还有一部分是由于儿童自身原因导致的,比如幼儿的先天性疾病、癫痫、先天性易碎性骨折、先天性无排汗功能等;幼儿的某些器官发生病变;家长教师在不知情的情形下发生的事故;家长为孩子购买了有安全隐患的衣物或学习用品;幼儿的自我伤害等等。

在实践中,在园幼儿由于自身原因造成的意外或突发性伤害也是屡见不鲜的。幼儿在幼儿园受到伤害,幼儿园要不要承担责任,可谓众说纷纭。作为在园幼儿的保护人来说,幼儿园的管理者和执教者在关注外来伤害的同时,更应该注意因幼儿自身原因造成的伤害,避免不必要的伤亡。

■ 案例时段

案例一 家长隐瞒幼儿先天性心脏病,幼儿午休中死亡

❋ 案例呈现

某幼儿园的一名幼儿,患有先天性心脏病。家长怕幼儿园拒收孩子,因此在报名时并没有把这一情况告诉幼儿园。一天,孩子正常入园,午饭后,孩子们像往常一样午休。老师忽然发现这名孩子情

况不对,浑身抽搐,呼吸困难。老师及时按压人中,并将其送往医院,电话通知幼儿母亲。

孩子送医院后,不治身亡。事后,家长要求幼儿园承担全部责任。

❋ **案例诊断**

这是一起典型的家长隐瞒幼儿病情导致幼儿在园死亡的典型事故。

❋ **政策法规看案例**

幼儿因自身原因导致的突发性伤害事故主要包括:幼儿的先天性疾病,如癫痫、先天性易碎性骨折、先天性无排汗功能等;幼儿的某些器官发生病变;家长教师在不知情的情形下发生的事故;家长为孩子购买了有安全隐患的衣物或学习用品;幼儿的自我伤害等。

本案中的突发性事故主要是由于先天性心脏病引发的。幼儿园的责任认定要依据相关的法律法规来界定。

我国《民法通则》对民事主体的责任认定原则主要是以下三种:过错责任原则、过错推定责任原则、无过错责任原则。

《最高人民法院关于贯彻执行〈中华人民共和国民法通则〉若干问题的意见(试行)》第一百六十条作了明确具体的司法解释:"在幼儿园、学校生活、学习的无民事行为能力人或者在精神病院治疗的精神病人,受到伤害或者给他人造成损害,单位有过错的,可以责令这些单位适当给予赔偿。"也就是说,幼儿园在赔偿责任认定上适用的是"过错责任原则",即有过错的给予赔偿,没有过错的不予以赔偿。"有无过错"是承担责任的前提条件。

在学校实施的教育教学活动或者学校组织的校外活动中,以及在学校负有管理责任的校舍、场地、其他教育教学设施、生活设施内发生的、造成在校学生人身损害后果的事故的处理,适用《学生伤害事故处理办法》。该法第十条第三款规定:"学生或者未成年学生监护人由于过错,有下列情形之一,造成学生伤害事故,应当依法承担相应的责任:(三)学生或者其监护人知道学生有特异体质,或者患有特定疾病,但未告知学校的。"第十二条第三款规定:"因下列情形之一造成的学生伤害事故,学校已履行了相应职责,行为并无不当的,无法律责任:(三)学生有特异体质、特定疾病或者异常心理状态,学校不知道或者难于知道的。"

本案中提到,身亡幼儿患有先天性心脏病,幼儿家长由于怕幼儿园拒收孩子,因此在报名时并没有把这一情况告诉幼儿园。而当身亡幼儿突发疾病时,幼儿教师及时采取了抢救措施,并及时将其送往医院,电话通知了该幼儿的母亲,幼儿教师是尽了主要注意义务的。如果幼儿园确实能够找出证据证明该幼儿家长在入园时隐瞒了幼儿患有先天性心脏病这一情况,则可以不承担民事赔偿责任。

防范指南

1. 幼儿园要严格落实入园体检制度,详细记录幼儿的身体健康情况,及时了解登记幼儿的特异体质及特殊防护要求;组织幼儿园教师进行应急抢救知识技能的培训。一旦有幼儿突发疾病,幼儿园教师就能在第一时间恰当地抢救处理,为救助幼儿生命赢得宝贵的时间。

2. 幼儿园教师对身体状况较差的幼儿要随时注意观察,给予适当的照顾。

3. 幼儿园要提醒幼儿家长提高安全意识,在幼儿入园时不得隐瞒幼儿某些先天性疾病或者曾经患过的哮喘、癫痫、心肌炎、过敏等较严重的疾病。告知幼儿家长一旦幼儿旧病复发,因不能及时获得针对性的救治而可能发生的不良后果。

案例二 ▶ 衣物勾住护栏，导致幼儿摔伤

✳ 案例呈现

5 岁的欢欢上幼儿园大班。一天，欢欢穿了一件新衣服来到幼儿园。新衣服上的纽扣是用金色的金属挂钩组成的，左右相钩就扣上了衣服。老师和小朋友都夸欢欢的新衣服漂亮，欢欢特别高兴。上午户外活动时，主班王老师发现欢欢新衣服上的金属挂钩非常容易钩到异物或其他小朋友，尤其是衣服敞开时，钩住的可能性就更大了，王老师赶紧让欢欢脱下衣服再活动。晚上放学时，王老师把这一情况告诉欢欢的妈妈，建议以后不要再穿这件衣服来幼儿园了。但欢欢的妈妈觉得老师有点小题大做，没有听从老师的建议。第二天，仍然给欢欢穿了那件新衣服去了幼儿园。中午午休后，欢欢穿着衣服，双手抓着护栏，两脚踩在横杆上，从上铺下来。可是衣服上的挂钩钩在了床板的裂缝里，欢欢想使劲拽出来，由于用力过猛，从横杆上摔了下来。幼儿园及时将欢欢送往医院，并通知了欢欢的妈妈。经诊断，欢欢右臂骨折，共花去医药费 2 万余元。

欢欢的家长认为幼儿园没有尽到责任，要求幼儿园承担全部医药费。幼儿园认为欢欢受伤完全是由于衣服上的挂钩造成的，而且老师已经提醒过家长不要再穿这件衣服了，但是家长没有听从老师的建议，幼儿园不应该承担欢欢的医药费。

双方各执一词，那么责任到底应该如何界定呢？

✳ 案例诊断

这是一起因幼儿自身原因导致的意外伤害。

✳ 政策法规看案例

本案中，首先需要我们弄清楚的一个问题就是在园幼儿的监护人到底是谁？依据《中华人民共和国民法通则》第十六条的规定："未成年人的父母是未成年人的监护人。未成年人的父母已经死亡或者没有监护能力的，由下列人员中有监护能力的人担任监护人：（一）祖父母、外祖父母；（二）兄、姐；（三）关系密切的其他亲属、朋友愿意承担监护责任，经未成年人的父、母的所在单位或者未成年人住所地的居民委员会、村民委员会在近亲属中指定。没有第一款、第二款规定的监护人的，由未成年人的父、母的所在单位或者未成年人住所地的居民委员会、村民委员会或者民政部门担任监护人。"《学生伤害事故处理办法》也有明确规定："未成年学生的父母或者其他监护人应当依法履行监护职责，配合学校对学生进行安全教育、管理和保护工作。学校对未成年学生不承担监护职责，但法律有规定的或者学校依法接受委托承担相应监护职责的情形除外。"

依据上述法律法规，如果在园幼儿没有父母或其他近亲属，或是其父母和其他近亲属无监护能力，而且该在园幼儿的父或母所在单位是该幼儿园的情况，幼儿园才是在园幼儿的监护人。显然本案中，欢欢的情况并不符合，那么幼儿园也就不是欢欢的监护人。幼儿园对欢欢的责任只是基于保教职责而产生的教育、管理和保护的责任。这一责任在归责原则的适用上适用的是"过错责任原则"，也就是说，孩子受到伤害或者给他人造成了伤害的，幼儿园如果有过错，才需要承担责任，无过错则无责任。

本案中，欢欢的新衣服上的金属挂钩非常容易钩到异物或其他小朋友，幼儿教师王某已经发现了这一隐患，并且及时告知家长，幼儿园已经尽到了职责。但是老师的建议并未引起家长必要的注意，仍然给欢欢穿了存在安全隐患的衣物，导致了意外的发生。因此，家长是存在过错的。

另外，幼儿园提供的床铺存在裂缝也是导致欢欢从上铺摔下的原因之一。《最高人民法院关于贯彻执行〈中华人民共和国民法通则〉若干问题的意见（试行）》第一百六十条规定："在幼儿园、学校生活、学习的无民事行为能力人或者在精神病院治疗的精神病人，受到伤害或者给他人造成损害，单位有过错的，可以责令这些单位适当给予赔偿。"《最高人民法院人身损害赔偿司法解释的理解与适用》

第七条规定:"对未成年人依法负有教育、管理、保护义务的学校、幼儿园或者其他教育机构,未尽职责范围内的相关义务致使未成年人遭受人身损害,或者未成年人致他人人身损害的,应当承担与其过错相应的赔偿责任。"需要提出的是,幼儿园在发生事故后及时将欢欢送医治疗,通知家长,采取了相应的补救措施,这在一定程度可以减轻幼儿园的过错。

所以,幼儿园和幼儿家长都存在一定的过错,双方均应承担一定的责任。承担责任的多少,具体比例要依据法院做出相应的判决。

防范指南

1. 幼儿园要加强与家长的联系与沟通,向家长说明不要给幼儿购买有安全隐患的衣物和物品,不允许幼儿带可能对他人造成伤害的小物品或玩具,让家长们理解并配合幼儿园的工作。

2. 家长要避免给孩子买过于繁琐的衣物。要经常与幼儿园教师沟通,听取幼儿园教师的合理意见和建议,不能只顾孩子高兴,而忽视了安全。

案例三　幼儿猝死幼儿园,园方是否担责任

❈ **案例呈现**

5 岁的小明在幼儿园上中班,12 月 23 日早晨,妈妈王某将小明送到幼儿园,匆忙中忘了告诉老师小明发烧的事情。下午 2 点多,午睡过后老师在叫醒孩子起床时,发现小明脸色苍白,随即拨打了 120。待 120 赶到时,发现小明已停止了呼吸和心跳,经过一个多小时抢救,仍无生命体征,诊断为感冒引发的暴发性心肌炎死亡。

小明的死亡,使王某夫妇陷入到巨大悲痛之中,王某夫妇认为,小明是在幼儿园出事的,幼儿园应当承担责任,赔偿损失。王某夫妇和幼儿园在赔偿问题上发生了纠纷,双方不得已闹上了法庭。法院受理该案后,经过调查,得知小明于 12 月 14 日感冒,服用感冒冲剂后略有好转。23 日凌晨,再次突发高烧 39.1 度,此时已引发了暴发性心肌炎,但是王某夫妇并没有及时送小明去医院做相应治疗,仍然把小明送到了幼儿园,因此才耽误了最佳治疗时间,造成小明死亡的悲剧。据幼儿园其他孩子说,当天小明吃饭很少,睡觉时说自己很难受,但是老师在事发当天也未能尽到注意义务,没有及时发现小明的异样。最后,法院判决,小明父母承担主要责任,幼儿园承担次要责任。

❈ **案例诊断**

这是一起因幼儿自身原因猝死在幼儿园的突发性事故引起的民事赔偿案件。

❈ **政策法规看案例**

人的生命只有一次,小明的生命才刚刚开始,却瞬间陨落,令人惋惜。在这个案例中,幼儿园和幼儿家长都有不可推卸的责任。

上述案例中,据幼儿园其他孩子说,当天小明吃饭很少,睡觉时说自己很难受,但是这些异常情况并没有引起幼儿园教师的足够重视。如果当时及时发现孩子的异常,及时送医院治疗,也许悲剧就不会发生。可见,幼儿园教师未尽到合理注意义务,是造成幼儿死亡的原因之一,应当承担相应法律责任。《最高人民法院关于审理人身损害赔偿案件适用法律若干问题的解释》第七条规定:"对未成年人依法负有教育、管理、保护义务的学校、幼儿园或者其他教育机构,未尽职责范围内的相关义务致使未成年人遭受人身损害,或者未成年人致他人人身损害的,应当承担与其过错相适应的赔偿责任。"

当然,幼儿家长也应当承担一定的责任。小明是 12 月 14 日感冒的,服用感冒冲剂后略有好转。23 日凌晨,再次突发高烧 39.1 度,此时小明的父母应该及时将孩子送医治疗,等孩子痊愈后再送去幼儿园,但小明的父母未能及时将小明送医救治,因而耽误了最佳治疗时间。事发当天,小明妈妈在送小明入园时,也没有将小明发烧的状况如实告知幼儿教师,未能引起幼儿教师对小明的特殊注意。

防范指南

1. 孩子在园期间,幼儿园应当尽注意义务。孩子毕竟还小,没有完全的自理能力,表述能力也差。幼儿园教师应当认真观察孩子的一举一动,包括吃饭、喝水、大小便、睡觉等各方面情况。

2. 家长在送孩子去幼儿园时应当将孩子的身体异常情况如实告诉幼儿园教师,以便幼儿园教师对孩子多加关注;在孩子离园时,幼儿园教师应将孩子在园情况向家长予以反馈,便于家长采取必要的注意措施。

3. 幼儿园应当加强对幼儿园教师的急救知识和急救技能的培训,当孩子发生突发事件时,幼儿园教师可以第一时间予以施救,为后续的抢救赢得宝贵时间。

案例四 幼儿自我伤害,责任谁来承担

❋ 案例呈现

某幼儿园中班有这样一个小男孩,他活泼好动、争强任性,常常不听老师的话。老师在与其家长交谈后得知,他是家中的第二个孩子,又是个男孩,所以父母对他极其宠爱。老师对这个小男孩也是格外的注意。

一天,小朋友们都在教室参加集体活动,可小男孩一个人在教室外面玩老师晒衣服时用的夹子,就是不肯进教室。老师发现后耐心地和小男孩聊了会天,然后拉着小男孩准备进教室并把他手中的夹子拿了下来。而后小男孩的举动着实吓坏了老师,这个小男孩发疯一样地用手使劲地抓挠自己的脸蛋,脸上瞬间出现了几道红印。老师见状赶快去抓男孩的双手,一阵折腾后男孩的情绪终于平静了下来。

晚上放学时,老师把当天发生的事情和家长进行了沟通,家长告诉老师,这个小男孩在家也出现过类似的事情,只要男孩提出的要求得不到满足,他就会做出自我伤害的举动来威胁家长,家长也只能妥协。

❋ 案例诊断

这是一起幼儿在园自我伤害的典型事故。

❋ 政策法规看案例

本案中,责任划分相当明显,幼儿园不用承担任何责任。《学生伤害事故处理办法》第十二条规定:"因下列情形之一造成的学生伤害事故,学校已履行了相应职责,行为并无不当的,无法律责任:(四)学生自杀、自伤的"。案件中,小男孩脸上的伤是自己所致,而且当小男孩用手使劲抓挠自己脸蛋时,老师是采取了制止措施的,是尽了注意义务的,当然是可以免责的。

在这个案件中,小男孩的行为是一种自我伤害行为,幼儿出现自我伤害行为说明幼儿存在一定的心理健康问题,这是我们更应该关注的。健康的儿童不仅要有壮实的身体,还要有健康的心理,而后者的重要性是毋庸置疑的。儿童出现自我伤害行为其中包含着各种各样内在和外在的原因,内在原因指的是儿童的个人因素,比如当个人的心理需求无法获得满足时,相对地他必须做出其他行为来予以满足。外在原因主要指的是环境因素,比如家人中有自我伤害的先例、家庭暴力、亲子缺乏亲密的互动关系、人际交往受挫等。

未来社会,幼儿教育目标将从单纯注重幼儿智力转向注重培养幼儿智力与培育幼儿的社会性品质、个性品质并重。幼儿心理健康教育理念将渗透到幼儿教育观、健康发展观和评价标准中,成为幼儿教育的内在要求。忽视孩子的心理健康而孤立片面地看待孩子的成长教育,只能是镜中花水中月。

◗ 防范指南 ◗

1. 作为幼儿园,要重视家园沟通合作,建立有效的家园沟通渠道;开办家长课堂,向幼儿家长介绍正确的育儿观念和有效的育儿经验。

2. 幼儿园要提醒幼儿家长树立正确的育儿观念,不能对孩子过分娇惯,不能养成孩子衣来伸手、饭来张口,有求必应的不良习惯。幼儿家长要重视培养孩子延迟满足的能力,让孩子从小就学会等待。

3. 作为教育者,包括幼儿家长和幼儿园教师,在关注幼儿生理健康的同时,更应该关注和重视幼儿的心理健康教育。掌握科学的教育方法。

案例五　幼儿意外过敏,责任谁来承担

✱ 案例呈现

磊磊在某幼儿园上中班。磊磊天生是过敏体质,对很多食物都容易过敏。家长也将磊磊的这种特殊情况告知了幼儿园,磊磊妈妈每天在送磊磊入园时也会和老师进行沟通,告知老师当日饭谱中,哪些食物磊磊是不能吃的,老师在日常饮食上对磊磊也格外照顾,比如鱼、虾、蛋、奶等易过敏食物从来不让磊磊吃。

一天早晨,磊磊妈妈送磊磊入园,妈妈并没有告知老师当日饭谱中有需要磊磊忌口的饭菜。早饭过后,磊磊像往常一样开始了一天的幼儿园生活。大约10点左右,磊磊忽然呼吸困难,老师赶紧联系120并通知了磊磊的父母。120紧急将磊磊送到医院,经检查,磊磊是由于喝了早饭的玉米面粥引起了过敏。磊磊妈妈非常吃惊,玉米面粥磊磊以前也吃过,并没有发生过敏现象,所以当天也就没有跟老师特别交代磊磊的吃饭问题。医生表示,由于幼儿的身体会随时发生变化,以前不过敏的食物也会造成一时的过敏。

经过医生的救治,磊磊健康出院了。

✱ 案例诊断

这是一起幼儿因自身特殊体质引发的意外事故。

✱ 政策法规看案例

本案中,由于幼儿园反应及时,使磊磊得到了及时救治,挽救了孩子的生命,没有造成不可挽回的损失。

这起案件的责任划分相当明显,幼儿园是不需要承担责任的。《最高人民法院关于审理人身损害赔偿案件适用法律若干问题的解释》第七条规定:"对未成年人依法负有教育、管理、保护义务的学校、幼儿园或者其他教育机构,未尽职责范围内的相关义务致使未成年人遭受人身损害,或者未成年人致他人人身损害的,应当承担与其过错相适应的赔偿责任。"

本案中,由于磊磊以前喝玉米面粥并没有发生过过敏现象,当天磊磊妈妈也没有跟幼儿教师特别交代磊磊的吃饭问题,而且幼儿教师在发现磊磊出现异样之后,第一时间联系120并通知了磊磊的父母。幼儿老师采取了适当措施,尽了主要注意义务,是可以免责的。

防范指南

1. 幼儿园要健全各项规章制度,其中应包括幼儿健康检查制度,记录幼儿的身体健康情况,及时了解登记幼儿的异质体质及特殊防护要求。

2. 幼儿家长不得隐瞒幼儿的疾病史,应当如实告知幼儿园,以防万一。

3. 幼儿园应组织幼儿园教师进行急救知识的培训,一旦幼儿病情发作,幼儿园教师就能在第一时间恰当地抢救处理,为救助幼儿生命赢得宝贵的时间。

■ 学练结合

一、幼儿自身原因造成的伤害事故有哪些?

二、阅读并分析以下案例

明明和亮亮同在某幼儿园,明明在大一班,亮亮在大二班。一天上午的户外活动时间,大一班和大二班都在操场上进行活动。活动结束后,两个班的老师带着各自班的小朋友往教室走。大一班和大二班的教室是相邻的,快到教室时,老师提醒小朋友们要互相礼让,不要拥挤。这时,明明不小心踩了亮亮的脚一下,弄脏了亮亮新穿的运动鞋,亮亮不高兴了,两个小朋友发生了冲突。老师们赶紧把明明和亮亮拉开,对他俩进行了教育。明明向亮亮道了歉,亮亮也不生气了。

第二天上午,又到了户外活动时间,两个班在操场上自由活动。明明和亮亮又碰面了,亮亮想到前一天晚上妈妈因为新鞋弄脏的事情批评了他,心里还在耿耿于怀。于是亮亮拉着明明,非要明明赔他一双新鞋。老师看见两个人又发生了冲突,赶快往他俩那边跑去。可没有想到的是,还没有等老师跑过去,亮亮就狠狠地在明明左臂上咬了一口。老师赶忙把明明送到了医院,明明的左臂被缝了三针。为此,双方家长与幼儿园出现了纠纷。

案例中的幼儿园对幼儿受到的伤害承担怎样的责任? 并说说理由。

第 六 章
幼儿之间相互伤害事故责任认定与防范

■ 基本理论

近年来,幼儿园与幼儿家长之间因为幼儿之间的相互伤害频频发生纠纷。这不仅给幼儿及其家长带来痛苦,也给幼儿园造成很大的困扰。幼儿园的孩子均是未成年人,他们都没有民事行为能力,在幼儿园受到伤害或者是伤害了他人,责任到底要由谁来承担?幼儿园在哪些情况下要承担责任,哪些情况又无须承担责任或承担部分责任呢?

幼儿在入园后便形成班级群体,在班级中会形成较为固定的同伴关系。同伴是一种介于个体与个体之间的一种双向的、深入的、稳定的亲密关系。同伴关系是儿童认知发展的阶梯,有助于儿童在同伴交往中、在家长与教师的评价中发现与他人的区别,从而激发自己对智力薄弱部分寻找参照框架及对象的动力,这种同龄人之间互补式的互动学习对儿童认知的发展大有裨益。同伴关系是儿童情感支持的力量源泉,随着儿童年龄的增长,探索外界范围的逐步拓展,幼儿开始尝试在同伴之间找寻"爱与归属"的寄托,以满足他们交往的需要、爱的需要、尊重的需要,同时也在或和谐或冲突的交往互动中体验快乐、悲伤、痛苦、愤怒等情绪。同伴关系也是实现儿童社会化的重要桥梁,是儿童融入社会的第一步,幼儿在同伴关系中积极参与人与人之间的交流,在倾听与对话中发展自己的社会能力,良好地实现社会化。

在特殊的年龄阶段,幼儿受语言发展能力、理解能力和认知程度地制约,导致幼儿在同伴相处中容易出现以下问题:有些幼儿喜欢从自己的兴趣和需要为出发点,不善于与同伴相处,在自己兴趣和需要受到影响时,往往情绪变化过快或过激;有些幼儿在与同伴交往中有明显的攻击性行为,如踢人、骂人、推人、吐口水、争夺玩具等;还有些幼儿表现出孤僻、任性,不愿参加集体活动,不愿让别人接近,也不会主动与同伴合作游戏。这些问题的出现都比较容易导致幼儿之间的相互伤害。

在处理幼儿之间的伤害事故中,我国已在《中华人民共和国民法通则》《最高人民法院关于执行〈中华人民共和国民法通则〉若干问题的意见》《最高人民法院关于审理人身损害赔偿案件适用法律若干问题的解释》《幼儿园工作规程》《幼儿园管理条例》《学生意外伤害事故处理办法》等法规中做出了规定。

■ 案例时段

案例一 ▶ 幼儿不会表达引起的抓伤

❋ 案例呈现

盼盼是某幼儿园小班的小朋友,长着大大的眼睛,梳着两个小辫子,非常可爱。信天游是班中月份较大的男孩儿,长得比一般孩子高大,但仍然不太会表达。信天游很想在自由活动时间与盼盼一起玩儿,他每次都去拉拉盼盼的手或拽住盼盼的衣服。可能是月份相差多或是身高差得多的缘故,盼盼小朋友喜欢与其他小朋友玩儿,总是不理信天游。多次被拒绝之后,信天游小朋友很生气,在一次被拒绝后,他用手猛地抓到盼盼小朋友脸上,抓出一道血口子。盼盼小朋友妈妈要求幼儿园对此负责,并赔偿医药费 468 元。幼儿园认为信天游家长应该对此负责。信天游家长认为抓伤是由幼儿园教师管理不善导致,应该由幼儿园负责。

❋ 案例诊断

这是一起较为典型的幼儿单方面攻击性行为引起的责任纠纷。

❋ 政策法规看案例

攻击性行为也称侵犯性行为,指有意伤害他人身体与精神的行为,可能表现为身体上的攻击如拍、抓、掐、踢、吐、咬、毁坏和破坏等,也可能表现为言语上的攻击如辱骂、说闲话等。在儿童时期,攻击性行为是反社会行为中最具代表性、最突出的一种行为。从攻击行为的起因来看,婴儿和幼儿早期(小班阶段)的孩子,攻击行为主要是由于争夺物品或空间使用权而引起。随着年龄增长,到幼儿中期和晚期,由具有社会意义的事件而引起的攻击行为逐渐增多。案例中的信天游小朋友因为不善于表达,又有与同伴交往的愿望,从而表现出攻击性行为,也属于幼儿较为常见的行为之一。幼年时期的攻击性行为若未得到及时纠正,可能发展成为幼儿顽固的行为习惯,甚至逐渐形成攻击性人格,为日后的人际交往和社会适应留下隐患,成为幼儿社会化失败的重要指标。更有甚者可能会走上犯罪的道路,研究表明:成人期的犯罪与幼儿期的攻击性行为有密切关系,因而需要引起家长和教师的重视。

《中华人民共和国未成年人保护法》第二十二条第一款规定:"学校、幼儿园、托儿所应当建立安全制度,加强对未成年人的安全教育,采取措施保护未成年人的人身安全。"

《学生伤害事故处理办法》第九条第十款规定:"学校教师和其他工作人员在负有组织、管理未成年学生的职责期间,发现学生行为具有危险性,但未进行必要的管理、告诫或制止的,学校应当依法承担相应责任。"所谓"危险行为"是指可能造成他人或本人伤害的,或者可能给他人或本人引致其他危险的行为。这就要求幼儿园在日常的安全教育中要对常见的危险行为进行提示、批评和教育,对现场发现的危险行为及时进行告诫或制止。

《关于审理人身损害赔偿案件适用法律若干问题的解释》第七条规定:"对未成年人依法负有教育、管理、保护义务的学校、幼儿园或者其他教育机构,未尽职责范围内的相关义务致使未成年人遭受人身损害,或者未成年人致他人人身损害的,应当承担与其过错相应的赔偿责任。"

《最高人民法院关于贯彻执行〈中华人民共和国民法通则〉若干问题的意见》(以下简称《意见》)第十条规定:"监护人的监护职责包括保护被监护人的身体健康,照顾被监护人的生活,管理和保护被监护人的财产,代表被监护人进行民事活动,对被监护人进行管理和教育,在被监护人合法权益受到侵害或者与人发生争议时,代表其进行诉讼。"

以上案例中,信天游小朋友由于不会表达,经常去拉盼盼小朋友的手或拽住盼盼小朋友的衣服想和其一起玩耍。教师并未关注到幼儿信天游的行为,没有预测到危险性,也没有及时与信天游小朋友父母沟通,在发生攻击性行为时也并未及时给予制止。因此,园方负有一定责任。该案例中医药费用由园方和信天游小朋友的父母共同承担。

防范指南

1. 增加教学活动中的"人际交往"主题活动。如果幼儿只是记住了教师介绍的人际交往技巧,而不会运用是没有意义的。教师要有意识地帮助幼儿掌握一定的人际交往技能,活动中注重幼儿的积极参与、主动思考和亲身体验,引导幼儿自己总结出交往技能。

2. 小班时期是幼儿语言表达能力发展的关键时期,教师要充分掌握幼儿这一时期的年龄特征,让幼儿在活动中积累和丰富词句;用优美的语言激发幼儿语言表达的兴趣;用肢体动作和形象感官等方式帮助孩子理解词句意思;巧妙利用一日生活中的各个环节引导幼儿进行语言交流;开展丰富多彩的游戏活动,促进幼儿语言能力的提高;为幼儿创设轻松、愉快的语言环境,鼓励幼儿大胆表达。教师要充分抓住每个有利的教育时机,对幼儿进行有效的教育,努力发展幼儿的语言表达能力。

3. 做好家园沟通,要求家长按时给孩子修剪指甲。

4. 教师要密切关注幼儿行为发展,并对幼儿行为进行管理。

案例二 幼儿下楼梯推闹导致骨折

案例呈现

乐乐和程程是某乡镇中心幼儿园的中班幼儿。该园是由小学校舍改造而成,虽然经过改造,上下楼的楼梯仍然较陡。所以,该园教师几乎每天都要对幼儿叮嘱:"小朋友上下楼梯时要排好队,不要拥挤、打闹。"

一天在户外活动时,幼儿从活动室出来排队下楼梯过程中,乐乐站在程程背后,两人均在队尾,趁队伍下楼梯行走拉开距离时,二人嬉笑打闹着,程程被乐乐推倒,导致程程的左股骨和一根肋骨骨折。

事故发生后,幼儿园及时送程程到医院,并马上通知了家长。程程住院期间共花去医疗费8 775元,程程父母的误工费、交通费及必要的营养费等5 669元。程程的父母认为从幼儿入园后到离园前,幼儿园担任幼儿监护人的责任,应该对此事负全责。程程父母与幼儿园就医疗费和赔偿问题多次进行协商未果。程程父母将幼儿园起诉至法院。

案例诊断

这是一起幼儿之间相互推闹导致幼儿受伤,由于监护主体不明而引发的法律纠纷。

政策法规看案例

第一,该案例中,需要首先明确:幼儿园不是在园幼儿的监护人。《民法通则》第十六条规定:"未成年人的父母是未成年人的监护人。未成年人的父母已经死亡或者没有监护能力的,由下列人员中有监护能力的人担任监护人:(一)祖父母、外祖父母;(二)兄、姐;(三)关系密切的其他亲属、朋友愿意承担监护责任,经未成年人的父、母的所在单位或者未成年人住所地的居民委员会、村民委员会在近亲属中指定。没有第一款、第二款规定的监护人的,由未成年人的父、母的所在单位或者未成年人住所地的居民委员会、村民委员会或者民政部门担任监护人。"因此,幼儿园只有同时满足以下两个条件才能成为在园幼儿的监护人:一是被监护人没有父母或其他近亲属,或者是其父母和其他近亲属无监护能力;二是被监护人的父或母所在单位是幼儿园。同时具备这两个条件的情况很少出现。因此,认为幼儿园是在园幼儿监护人的说法是没有法律依据的。所以说,即使父母把孩子送进幼儿园学习、生活,幼儿园也并不因此而具备监护人的主体资格。对幼儿的监护职责并不随幼儿入园而发生转移。

第二,幼儿相互推闹,在园幼儿发生意外伤害事故,幼儿园应依据"过错原则"来决定是否承担民事责任。《最高人民法院关于审理人身损害赔偿案件适用法律若干问题的解释》第七条规定:"对未成年人依法负有教育、管理、保护义务的学校、幼儿园或者其他教育机构,未尽职责范围内的相关义务致使未成年人遭受人身损害,或者未成年人致他人人身损害的,应当承担与其过错相应的赔偿责任。第三人侵权致未成年人遭受人身损害的,应当承担赔偿责任。学校、幼儿园等教育机构有过错的,应当承担相应的补充赔偿责任。"

第三,《学生伤害事故处理办法》明确规定,学校对未成年学生不承担监护职责,未成年学生的父母或其他监护人依法应当履行监护职责,配合学校对学生进行安全教育、管理和保护工作。

从上述法律规定看,幼儿园对在园幼儿主要负有三个责任:一是教育责任,二是管理责任,三是保护责任。幼儿园对幼儿的教养职责是基于教养机构的设置而产生的一种工作职责,而监护职责是基于亲权而产生的一种法定职责,二者不能混为一谈。过错责任则意味着孩子受到伤害或者给他人造成了伤害的,幼儿园如果有过错,才需要承担责任,无过错则无责任。

据此,上述案例中,该园教师几乎每天都要对幼儿讲:"小朋友排队下楼梯时要排好队,不要拥挤、打闹。"教师在一定程度上已经正确行使了对幼儿的管理和保护责任。但是,幼儿园没有注意到幼儿排队下楼队尾幼儿存在的安全隐患,且未采取有效的措施,说明幼儿园未完全尽到妥善管理幼儿的义务,在教育教学活动的管理中存在过失,间接导致了该意外伤害事故的发生,因此,幼儿园应承担一定的赔偿责任。乐乐父母作为法定监护人也要承担一定责任。

防范指南

保护在园幼儿的人身安全,积极采取各种措施防止各种意外伤害事故的发生,是幼儿园和幼儿家长的共同心愿。出于种种原因发生了事故,不管是幼儿园还是幼儿家长,都应学会运用法律手段妥善处理。

1.《学生伤害事故处理办法》明确提出:学校有条件的,应当依据保险法的有关规定,参加学校责任保险。教育行政部门可以根据实际情况,鼓励中小学参加学校责任保险。提倡学生自愿参加意外伤害保险。据此,在幼儿园意外伤害事故的处理中,应逐步建立幼儿园责任保险制度,让保险公司介入理赔,实现理赔市场化,这更是一条对幼儿园和家长都有利的解决问题的途径。

2. 幼儿园要重视家园沟通合作,建立有效渠道和家长培训制度,引导家长理解体会幼儿教师工作的辛苦与繁琐。家园沟通与合作渠道通畅,很多事情不会动不动就用司法程序解决,我国的司法程序也鼓励当事双方的和平解决问题的方式。

3. 幼儿园必须加强幼儿教师的安全责任意识教育。幼儿园阶段的教育,幼儿安全健康的成长始终是幼儿园开展各项活动和工作的前提和重中之重。

案例三　多名幼儿之间相互伤害的共同侵权

❋ 案例呈现

幼儿潇潇、程程、文文是同一所幼儿园同一个班的小朋友。在户外活动中,三人一起去滑滑梯。三名老师在旁边观察幼儿活动并不断嘱咐孩子们注意安全。突然,滑梯上的潇潇和文文两人相抱一团急速地滑下,结果前面的程程被后面的冲力撞倒在地,致使左手骨折,花去医药费1300元。

事后,潇潇和文文的父母均赶往医院看望并向程程父母道歉。可责任怎么划分呢?事故发生在幼儿园,园方是否也该承担一些责任呢?

❈ 案例诊断

本案例涉及共同侵权的问题。

❈ 政策法规看案例

共同侵权是指加害人为两人或两人以上共同侵害他人民事权益的行为,其构成应当符合侵权行为的要件,包括加害行为、损害结果、加害行为与损害结果之间存在因果关系和行为人具有过错。本案例中两个孩子潇潇和文文的行为共同对第三个小朋友程程造成伤害,构成共同侵权。

《最高人民法院关于审理人身损害赔偿案件使用法律若干问题的解释》第三条指出:"二人以上共同故意或者共同过失致人损害,或者虽无共同故意、共同过失,但其侵害行为直接结合发生同一损害后果的,构成共同侵权。"

《民法通则》第一百三十条指出:"二人以上共同侵权造成他人损害的,应当承担连带责任。"

案例中三名老师在旁边观察幼儿活动并不断嘱咐孩子们注意安全,尽到了教育、管理的责任。潇潇和文文两个小朋友突然产生的行为没有"共同故意",但其行为间接导致了同一损害后果的发生,应当根据过错大小比例,由其法定监护人各自承担相应的赔偿责任。

防范指南

1. 教师要树立安全大于一切的意识,在一日生活各环节应注意观察所带班级幼儿的行为和思想,要特别关注活泼好动、容易造成自身或他人伤害的"调皮孩子"。

2. 提高幼儿的社会认知水平,一是要帮助他们明白一些简单的道理和社会规范,二要培养幼儿遵守规则的意识。

3. 重视家园合作,引导幼儿分析可能存在的安全隐患,培养幼儿的安全观念。

案例四　不同班级间幼儿的相互伤害

❈ 案例呈现

春季运动会前一周,某幼儿园中一班、中二班老师在活动时间组织两个班的小朋友在户外进行比赛项目"夹物跑"的赛前练习。中一班小朋友练习时,中二班小朋友喊"中一班加油,中一班加油"。在中二班小朋友练习的时候,中一班有几个小朋友突然大喊"中二班漏油,中二班漏油"。中一班老师还没来得及制止的时候,中二班壮壮小朋友一拳打在中一班欢欢小朋友的眼睛上。顿时,欢欢小朋友右眼红肿、眼睛里出现红血丝。欢欢的家长带欢欢到医院检查诊断为眼外伤,需住院观察治疗。欢欢家长要求壮壮家长担负医药费、误工费、交通费、精神损失费等。壮壮家长认为这是幼儿园教师失职和管理不善导致的,应该由老师来赔偿。

❈ 案例诊断

这是一例不同班级幼儿相互伤害赔偿的纠纷。

❈ 政策法规看案例

幼儿园在节日活动、亲子活动、运动会、户外区角活动、民间游戏等活动中,往往会涉及平行班或更多年龄段班级的参加。而且,在这些活动中一般会有竞争性。中班幼儿处于成长的懵懂期,调皮、好动、想象力丰富,但理解力有限,竞争意识较差,同伴间缺乏基本的合作能力和合作意识。幼儿的年龄特点决定了幼儿还不具备合作意识和利他意识,尤其涉及平行班级在竞争活动中,如案例中的幼儿,不能正确对待,易导致不同班级幼儿间的相互伤害。

《幼儿园教育指导纲要(试行)》指出:"幼儿园必须把保护幼儿的生命和促进幼儿的健康放在工作的首位。"幼儿园的安全工作关系到全体幼儿的生命安全,幼儿的生命安全得以保障是一切教育活动开展的基础。

《幼儿园管理条例》第十六条第二款规定："幼儿园可以根据本园的实际,安排和选择教育内容与方法,但不得进行违背教育规律,有损于幼儿身心健康的活动。"

《中小学幼儿园安全管理办法》第二十八条明确规定："学校在日常的教育教学活动中应当遵循教学规范,落实安全管理要求,合理预见、积极防范可能发生的风险。学校组织学生参加的集体劳动、教学实习或者社会实践活动,应当符合学生的心理、生理特点和身体健康状况。学校以及接受学生参加教育教学活动的单位必须采取有效措施,为学生活动提供安全保障。"

《中华人民共和国侵权责任法》第三十八条也有明确规定："无民事行为能力人在幼儿园、学校或者其他教育机构学习、生活期间受到人身损害的,幼儿园、学校或者其他教育机构应当承担责任,但能够证明尽到教育、管理职责的,不承担责任。"

案例中两个平行班之间共同练习,活动本身没有错误。但两个班级之间的幼儿互不熟悉,教师在活动前没有给幼儿讲清楚规则,对可能出现的安全隐患也没有进行预判。根据相关法规,教师负有一定责任。教师在工作中的行为属于职务行为,故受伤幼儿的赔偿由幼儿园和壮壮家长共同承担。

防范指南

1. 提高幼儿园教师的安全意识。幼儿园教师在进行各种集体活动时要时刻怀有安全意识,教师对活动要精心组织,也要引导幼儿增强自我保护意识。

2. 提高幼儿园教师的观察能力。观察力现在已经成为现代教师必备的能力素质之一,观察是指导活动和预防事故发生的前提,教师应能正确使用扫描观察法等方法对幼儿进行有效的观察,及时对可能发生的事故隐患进行预判和制止。

案例五 幼儿打架,家长参与,矛盾升级

❋ **案例呈现**

琳琳和小雨在幼儿园里是一对好朋友,经常一起玩游戏,有时也会因一些小事而发生争执。一天在自由活动时间,突然琳琳哭着找老师说:"老师,小雨掐我的手了,她还抢我的小椅子。"出于对安全的敏感,老师放下手中的工作,观察了琳琳左手背。果然,琳琳手背上已经出现了一块手指甲掐红的伤块。放学时,教师与双方家长进行了沟通。

这一天,琳琳和小雨又为了一件玩具吵了起来。争吵之中,小雨在琳琳的腿上抓了一道伤痕,琳琳也不甘示弱地抓伤了小雨。由于两个孩子都没有向老师报告这件事,老师完全不知情,直到双方家长来接孩子时才发现各自孩子身上的伤痕,于是双方家长就争吵了起来。老师则认为孩子已经交到了家长手中,幼儿又不曾向她报告,就把这件事置身事外,并没有进行事件调查和家长间吵架的疏导,导致双方家长越吵越激烈,谁也不肯让谁。琳琳家长甚至还恐吓小雨家长说:"如果我的孩子有什么问题,你的孩子也别想活!"结果,小雨家长就因为这句话感到既害怕又担心而报了警。

❋ **案例诊断**

这是一起由于同班幼儿间打架后家长参与致使矛盾升级引发的治安案件。

❋ **政策法规看案例**

《中小学幼儿园安全管理办法》第二十八条明确规定："学校在日常的教育教学活动中应当遵循教学规范,落实安全管理要求,合理预见、积极防范可能发生的风险。学校组织学生参加的集体劳动、教学实习或者社会实践活动,应当符合学生的心理、生理特点和身体健康状况。学校以及接受学生参加教育教学活动的单位必须采取有效措施,为学生活动提供安全保障。"

《幼儿园教育指导纲要(试行)》指出：教师应成为幼儿学习、活动的支持者、合作者、引导者……要建立平等和谐的师生、同伴关系，让幼儿体验到幼儿园生活的愉快，形成安全感、信赖感。

《3—6岁儿童学习与发展指南》指出：家庭、幼儿园和社会应共同努力，为幼儿创设温暖关爱的家庭和集体生活氛围，建立良好的亲子关系和师生关系，让幼儿在积极健康的人际关系中建立安全感和信任感，发展自信和自尊，在良好的社会环境及文化的熏陶中学会遵守规则，建立基本的认同感和归属感。

《幼儿园教师专业标准(试行)》第三十六、三十七、三十八、五十八条明确提出：建立良好的师幼关系，帮助幼儿建立良好的同伴关系，让幼儿感到温暖和愉悦。建立班级秩序与规则，营造良好的班级氛围，让幼儿感受到安全、舒适。创设有助于促进幼儿成长、学习、游戏的教育环境。与家长进行有效沟通合作，共同促进幼儿发展。

案例中两名幼儿相互打闹，直至相互间的抓伤，教师既没有及时关注，也没有及时给予孩子正确引导，对最后的抓伤甚至不知情，导致矛盾升级，家长报警。教师不仅缺乏专业认知，还需要提高与家长的沟通能力。教师认为孩子已经交到了家长手中，幼儿又不曾向她报告，故把这件事置身事外，并没有进行事件调查和家长间吵架的疏导工作，导致家长间的矛盾不断加深，教师对此负主要责任。

防范指南

1. 幼儿园应组织教师加强专业学习，强化岗位责任感。通过学习使教师明确其职责，增强责任感。

2. 幼儿园应加大组织开展社会领域活动力度，引导幼儿学会如何与人交往。同时注意观察一日生活中经常与人发生冲突的幼儿，分析其原因，对症下药，给幼儿一个正确的行为指导，让他们学着与他人友好相处。

3. 家园合作，提高幼儿解决问题的能力。幼儿虽然年龄小，但是他们也有自己解决问题的观点和想法。当幼儿之间发生冲突时，成人应引导幼儿在理清事实的基础上，让他们自行寻求解决问题的方法，以提高幼儿分析问题、解决问题的能力。也可以通过游戏帮助幼儿提高移情能力，掌握解决人际冲突的策略。

4. 做好家长工作。幼儿同伴间的相处，往往伴随着一些小矛盾，这也是幼儿成长的过程。教师要利用家长会、讲座等机会引导家长认识到身为家长，不可一味地呵护自己的孩子，应该培养幼儿的独立自主性，使之学会对自己的行为负责，如果父母亲自出面，反而给孩子造成了心理压力。家长要认识到，在孩子的成长过程中，会遇到各种各样的事、各种各样的人，要引导孩子通过这些事情逐渐学会处理自己的事情。

■ 学练结合

一、作为幼儿园教师，谈谈如何提高在教育活动中对安全隐患的预判能力？

二、阅读并分析以下案例

1. 一天，小班的东东和童童正在玩积木，童童拿了一根东东暂时不用的方形积木。东东一见便迅速抢回，还狠狠地用刚抢回来的积木打在童童头上，吼道："不许拿我的!"顿时童童额头上红了一小片，还放声大哭起来。

如果你是老师，你现场如何对幼儿行为进行干预？并尝试给东东家长提出教育建议。

2. 某实习生在教育实习期间观察到：大班的小朋友进行玩具游戏,在存在分歧时,同伴间会存在暴力行为,而且这种暴力行为具有以下特定:第一,暴力行为更具有一定目的性;第二,性格倾向更明显;第三,不仅有行为暴力,还会加上语言暴力;第四,部分幼儿出现掩盖事实的现象。

从教师的角度谈谈如何提高幼儿人际关系处理能力以及如何提高幼儿行为自我管理能力。

第 七 章

园内节日和亲子活动事故责任认定与防范

■ 基本理论

《幼儿园教育指导纲要(试行)》指出:"幼儿园必须把保护幼儿的生命和促进幼儿的健康放在工作的首位。树立正确的健康观念,在重视幼儿身体健康的同时,要高度重视幼儿的心理健康。"由此观之,幼儿的安全性在幼儿园的各种活动中至关重要。节日活动、亲子活动作为家园合作的重要途径,增进亲子关系的有效方式,是幼儿园常见的活动方式。幼儿园在组织节日活动、亲子活动中一定要首先保障幼儿安全,确保活动安全,预防事故发生。

《中华人民共和国未成年人保护法》第二十二条规定"学校、幼儿园安排未成年人参加集会、文化娱乐、社会实践等集体活动,应当有利于未成年人的健康成长,防止发生人身安全事故。"幼儿园在开展节日活动和亲子活动的过程中,如何防范意外事故发生,使得活动在确保幼儿安全的前提下顺利开展? 当幼儿、幼儿家长、幼儿教师在组织、参加亲子活动或者节日活动受到人身伤害甚至死亡时,这些事故的责任应该由谁来承担? 是幼儿园组织不够严密? 是安保人员安保措施不当? 是幼儿园教师玩忽职守? 是幼儿家长粗心大意? 是幼儿与同伴相处不当? 还是第三方措施不当? 这便是我们本章要探究的主要问题。

■ 案例时段

案例一 幼儿园园方为主要责任的节日亲子活动事故

✳ 案例呈现

某幼儿园举办了一场庆祝六一儿童节的亲子活动。本来应该是一场欢乐的庆祝活动却出现了令人痛心的意外。正当活动进行的时候,几十只氢气球突然爆炸了,造成活动现场的幼儿、家长、老师等多人不同程度的受伤,所幸均无生命危险。据附近居民李先生称,"上午十点半左右,在幼儿园户外场地内,突然传来一声巨大的响声,随后看到五米左右高的火焰和一股浓烟,大家都被声音吓得从家里跑出来,后来才知道隔壁幼儿园做活动发生了氢气球爆炸事故"。据一名家长回忆,当时大家都准备看节目表演,准备放飞的气球发生了爆炸,由于事发突然,离气球最近的他无处躲避,脸上、脖子和右胳膊上被炸伤。有些幼儿由于年龄小,皮肤嫩,烧伤严重。爆炸当时由于是节目进行之中,人群特别混乱。后来看到110警车和120救护车相继赶来对伤员进行救治,多名幼儿和老师面部被炸黑,手上烫了很多水泡,事后涂抹了烧伤膏,个别严重的伤者被拉往医院救治,据医院烧伤科医师王大夫介绍,伤者的伤情还比较稳定,暂无生命危险,住院伤者治疗半个月左右便可出院。事后幼儿园园长介绍,节目现场的氢气球是节目活动赞助方免费提供的,当时由于想到赞助了这么多气球,就想安排一个"气球放飞活动",活跃一下现场气氛,没想到……园长表示幼儿园会全力救治伤者,以此为鉴,再也不用氢气球组织活动了。对于爆炸的具体情况和相关事故原因,公安部门正在进一步调查中。

❈ 案例诊断

这是一起典型的幼儿园亲子活动中因幼儿园选择活动道具不当发生的意外事故。

❈ 政策法规看案例

就目前来看,市场上用来制作氢气球的气体主要有两种:氢气和氦气。氢气燃点低,在常温下是安全的,但是容易被引爆。而氦气不能燃烧也不助燃,更安全。2006 年,相关部门下发的《关于进一步加强施放气球安全管理工作的通知》中规定:"为避免气球落地后发生爆炸伤人事故,在人员密集地区施放的系留气球除要加装快速放气装置外,还应以惰性气体取代氢气等易燃易爆气体作为气球的填充物。同时,对于在其他地区施放的系留气球,也要提倡以惰性气体取代氢气等易燃易爆气体作为各类气球的填充物,以进一步减少安全隐患。"然而因为氢气比氦气容易制作,成本低廉,不法商家为了有利可图,大都用氢气充各类气球,埋下了安全隐患。

氢气球属于严格管理的产品,国家对氢气球的施放有着明确的规定,要求由专门的机构进行审批和施放,绝对不允许没有资质的机构任意施放。在 2008 年原国家气象局发布《施放气球管理办法》中第六条规定:"未按规定取得《施放气球资质证》的单位不得从事施放气球活动。"第二十七条规定:"违反本办法规定,未取得施放气球资质证从事施放气球活动,由县级以上气象主管机构按照权限责令停止违法行为,处 1 万元以上 3 万元以下罚款;给他人造成损失的,依法承担赔偿责任;构成犯罪的,依法追究刑事责任。"在 2006 年发布的《关于进一步加强施放气球安全管理工作的通知》中明文规定"要加强对施放气球作业的审批工作,建立健全施放气球作业的联审机制,规范审批程序和流程,严格审查申请单位的资质、施放环境、施放期间的气象条件及其他安全条件等,对不符合条件的施放活动一律不得批准;要严禁审批手持氢气球的施放活动。"显然,案例中的幼儿园没有施放气球的资质,但是却从事了气球施放活动,严重违反了《施放气球管理办法》,对幼儿、幼儿家长、幼儿教师造成了人身伤害,应当依法承担赔偿责任和刑事责任。

《中华人民共和国未成年人保护法》第二十二条规定:"学校、幼儿园安排未成年人参加集会、文化娱乐、社会实践等集体活动,应当有利于未成年人的健康成长,防止发生人身安全事故。"本次事故发生在幼儿园组织的亲子活动过程中,违反了《中华人民共和国未成年人保护法》。

《中小学幼儿园安全管理办法》第十七条规定:"禁止将非教学用易燃易爆物品、有毒物品、动物和管制器具等危险物品带入校园。"第四条规定:"构建学校安全工作保障体系,全面落实安全工作责任制和事故责任追究制,保障学校安全工作规范、有序进行;事故发生后启动应急预案,对伤亡人员实施救治和责任追究等。"氢气球属于易爆物品,案例中的幼儿园不仅将其带入幼儿园内,而且还在亲子活动中使用,严重违反了《中小学幼儿园安全管理办法》,应对幼儿园进行事故责任追究。

《学生伤害事故处理办法》第二十三条明确规定:"对发生学生伤害事故负有责任的组织或者个人,应当按照法律法规的有关规定,承担相应的损害赔偿责任。"同时还规定伤害事故的法律责任主体可分为三类,即学校(包括幼儿园)、学生及未成年学生的监护人、第三人。显然,幼儿园是本次伤害事故的责任主体,应承担主要事故责任。

《中华人民共和国侵权责任法》第四十条规定:"无民事行为能力人或者限制民事行为能力人在幼儿园、学校或者其他教育机构学习、生活期间,受到幼儿园、学校或者其他教育机构以外的人员人身损害的,由侵权人承担侵权责任;幼儿园、学校或者其他教育机构未尽到管理职责的,承担相应的补充责任。"在本案例中,幼儿园因使用氢气球造成爆炸,侵犯了幼儿、幼儿家长、幼儿教师等多人的人身安全,因而幼儿园为主要侵权人。

《最高人民法院关于贯彻执行〈中华人民共和国民法通则〉若干问题的意见(试行)》第一百六十条规定:"在幼儿园、学校生活、学习的无民事行为能力的人或者在精神病院治疗的精神病人,受到伤害或者给他人造成损害,单位有过错的,可以责令这些单位适当给予赔偿。"《最高人民法院关于审理人身损害赔偿案件适用法律问题的若干解释》第七条规定:"对未成年人依法负有教育、管理、保护义务的学校、幼儿园或者其他教育机构,未尽职责范围内的相关义务致使未成年人遭受人身损害,或者未成年人致他人人身损害的,应当承担与其过错相应的赔偿责任。"《学生伤害事故处理办法》第二十六条中规定:"学校对学生伤害事故负有责任的,根据责任大小,适当予以经济赔偿。"由此看出,幼儿园在伤害事故中承担的是过错责任。过错责任原则,是指以行为人的过错作为价值判断标准,判断行为人对造成学生的人身伤害是否承担民事责任的原则。在本案例中,幼儿园为主要过错方,幼儿园应根据幼儿家长、幼儿教师、幼儿受伤害的程度来最终确定赔偿金额,对本次事故作出相应的赔偿。

防范指南

1. 明确活动流程,依法选择活动道具。幼儿园在组织亲子活动时,园方首先要明确活动流程,依法选择活动道具。如在本案例中,幼儿园应该知晓园方未取得施放气球的资质。根据《施放气球管理办法》,幼儿园在组织节日活动和亲子活动的时候严禁使用氢气球。

2. 加强安全管理,强化危机防范意识。幼儿园管理者作为幼儿园安全的第一责任人,应增强管理者的安全意识,安全管理日常化、制度化、细致化,保持防微杜渐的高度警惕性。要增强对伤害事件的观察防范和预见能力,提高幼儿园教师应对和处理伤害事故的技巧和能力。

3. 健全安全制度,制定活动方案预案。幼儿园要建立健全《幼儿园节日活动伤害事故预防机制》《幼儿园安全事故应急处理办法》和《幼儿园亲子活动管理规定》等系列制度,完善安全制度。活动前,要召开家长会,宣传亲子活动的安全方案、制度,让幼儿家长了解亲子活动的安全方案,征求广大幼儿家长意见,让幼儿家长对预案提出意见。活动当日要落实安全责任,与幼儿家长签订安全责任书,明确幼儿园、幼儿园教师和幼儿家长各自的义务和责任。

4. 落实安全责任,保障设施设备完好。幼儿园在活动进行之前,要注意检查消防疏散通道、安全出口的设置和畅通情况以及亲子活动使用的设备、设施的安全状况。通过责任到人的方式,将每项亲子活动的安全设施检查落实到每一个人,发现问题要在亲子活动开始前及时整改,做到防范在前,确保安全。

5. 强化保险意识,预防意外事故发生。本次事故责任方虽然为幼儿园,但是发生此次事故也不是幼儿园所能预想到的,且波及面广,赔偿金额大,如何落实幼儿园赔偿金额是我们不得不面对的一个问题。可以通过保险,实现幼儿园伤害事故风险分担,降低幼儿园赔偿风险。

案例二 幼儿家长为主要责任的亲子活动事故

❋ 案例呈现

为了进一步增强亲子间的互动与合作,增进老师和幼儿、家长之间的交流,家园互动,培养幼儿的动手能力、创造力及想象力,激发幼儿制作的兴趣和尝试探索的欲望,懂得"废物利用"的价值,某幼儿园组织开展了"展巧手,变废为宝"的亲子环保手工制作活动。为了让家长们更好地了解本次活动的意义、内容及要求,活动前,幼儿园向家长发放了活动计划书,让家长从家中选择安全的废旧物品带到幼儿园参加活动。相关注意事项也在活动前通过校讯通告知了家长。

活动当日,幼儿园向家长介绍了详细的活动方案,并且讲解了安全注意事项,由于活动制作中会用到剪刀等锋利物品,因而幼儿园一再提醒各位家长一定在确保安全的提前下参加此次活动。活动现场场面热闹,家长和孩子们一起利用从家里带来的废旧材料——纸盒、光盘、易拉罐、瓶盖、树叶、矿泉水瓶等,一起制作作品。

可是,事故还是在活动中发生了。一名幼儿的家长衣先生在用剪刀剪易拉罐做太阳花的时候,由于易拉罐有点硬,家长剪的时候力气大了,剪的位置偏向一边,不小心弄伤了左手的手指,血流不止。事故发生后,在场的老师及时带衣先生到幼儿园医务室进行了止血和包扎。后来考虑到医务室设备有限,随后幼儿园领导又与衣先生一起到市人民医院进行了进一步的诊断与治疗,前后共花费 3 000 元,园方在衣先生住院的时候交了 2 000 元医药费。衣先生认为他是在幼儿园参加活动的时候受伤的,要求幼儿园承担全部医药费,并且应当赔偿误工费等费用 5 000 元。幼儿园认为组织亲子活动是教育的需要,对孩子的成长有利,活动前也征得了家长的同意,并且在组织前已经向家长发送并强调安全注意事项,且衣先生意外受伤后幼儿园第一时间带他去医院治疗,而且垫付了部分医药费,已经做到仁至义尽,于是拒绝了衣先生的赔偿请求。之后,衣先生因与幼儿园就赔偿问题无法达成一致意见,遂将幼儿园诉至法院。法院认为,对幼儿的教育是幼儿园和家长的共同责任,幼儿园亲子活动是幼儿园的课程安排,符合国家教育管理部门的规定,应该获得社会和家长的支持,并且幼儿园在组织活动期间已尽到了安全的义务。衣先生作为完全民事行为能力人,因自身在使用剪刀的过程中失误而导致受伤,又不能举证证明幼儿园对其损害存在过错,法院驳回了其诉讼请求。

❋ 案例诊断

这是一起典型的在幼儿园亲子活动中幼儿家长受伤害的事故,且幼儿家长应该在本起事故中承担主要责任。

❋ 政策法规看案例

《民法总则》第十八条指出:成年人为完全民事行为能力人,可以独立实施民事法律行为。法院在解决此种问题的时候,适用一般过错原则。案例中衣先生作为儿童的家长为完全民事行为能力人,在参加亲子活动时,应根据自身身体条件,在保证自身安全的前提下参加亲子活动。作为完全民事行为的人,衣先生在活动中使用剪刀可能存在的危险其应当能够预见并能尽力避免。因而,案例中衣先生在亲子活动中受伤其主要归责在于其本人。

上述案例中虽然衣先生是在幼儿园组织的亲子活动中发生的人身安全事故,发生事故的地点为幼儿园,但是由于组织亲子活动是对幼儿教育的需要,也是幼儿园的日常课程安排,符合国家教育管理部门的规定,并且幼儿园在组织活动期间已经将活动的安全注意事项通过校讯通发送到各位幼儿家长的手机上。活动进行之前幼儿园也一再强调安全注意事项,已尽到了安全的义务,不是幼儿园的过错导致幼儿家长受伤,因而幼儿园无需承担相应的责任。

防范指南

1. 幼儿家长要提升自身安全意识。幼儿家长作为成年人受邀参加亲子活动的时候不仅要注意幼儿的安全,也要注意自身安全。

2. 幼儿园要提前制定活动计划。幼儿园在亲子活动前要制定详细的活动计划,并将活动流程通知幼儿家长,确保每一位幼儿家长了解活动中的各项要求和注意事项。

3. 幼儿家长要提前熟悉活动内容。家长要提前了解亲子活动的相关流程及注意事项,做到"未雨绸缪"。

4. 幼儿园要与幼儿家长签订责任书。幼儿园要制定《亲子安全责任书》,与幼儿家长面签,确保安全责任到人。

案例三 幼儿园教师为主要责任的节日活动事故

❋ 案例呈现

某幼儿园组织丰富有趣的"迎新年"节日活动。活动结束后,主持人宣布各班老师带领本班幼儿散场回各自的教室。就在这时,事故发生了,中班四岁半的团团小朋友不幸从窗台上坠落造成右腿骨折。事故发生时,本班主班老师李老师竟然不在场,事故发生十几分钟后才出现在现场。原来,节目进行中,李老师因朋友打电话出去接电话,跟朋友聊天的过程中忘记了时间,自己觉得按照预计的节目结束时间还早,就跟朋友多聊了会。谁知道,有几个节目临时取消了,导致节目结束时间提前了。到了散场的时间,李老师还没有出现,于是孩子们各自跑回教室。团团生性好动,见李老师不在,爬上了窗台,导致右腿骨折。

❋ 案例诊断

这是一起典型的节日活动中因幼儿园教师玩忽职守造成幼儿受伤的事故。

❋ 政策法规看案例

幼儿园教师是幼儿园活动的组织和管理者。幼儿园教师在幼儿园各项活动中,也担当着保护儿童生命安全和健康的重要职责。一名合格的幼儿园教师,应该具备一颗责任心,把保护幼儿安全牢记心中。上述案例事故发生时,由于幼儿教师在节目现场私自外出打电话,擅离职守,使没有行为能力的幼儿处在无人看护状态,导致其摔伤。《中华人民共和国民法通则》第一百零六条第二款规定:"公民、法人由于过错侵害国家的、集体的财产,侵害他人财产、人身的,应当承担民事责任。"案例中幼儿园教师未尽到保护幼儿的义务,应当承担法律责任。

《中华人民共和国未成年人保护法》第二十二条规定:"学校、幼儿园安排未成年人参加集会、文化娱乐、社会实践等集体活动,应当有利于未成年人的健康成长,防止发生人身安全事故。"因此,幼儿园在组织重大活动时,一定要先做好安全预案和活动方案,确保活动安全性。上述案例中幼儿园未能及时发现幼儿老师不在现场,未能排除安全隐患,没有尽到对幼儿的保护的义务,致使幼儿发生人身安全事故,违反了上述法律。

《中华人民共和国侵权责任法》第三十八条关于幼儿园过错责任的规定指出:"无民事行为能力人在幼儿园、学校或者其他教育机构学习、生活期间受到人身损害的,幼儿园、学校或者其他教育机构应当承担责任,但能够证明尽到教育、管理责任的,不承担责任。"《最高人民法院关于贯彻执行〈中华人民共和国民法通则〉若干问题的意见(试行)》第一百六十条规定:"在幼儿园、学校生活、学习的无民事行为能力的人或者在精神病院治疗的精神病人,受到伤害或者给他人造成损害,单位有过错的,可以责令这些单位适当给予赔偿。"显然上述案例中无民事行为人——幼儿骨折的发生与幼儿园和幼儿园教师擅离职守有直接关系,幼儿园应当承担过错责任。

案例中幼儿作为无行为能力人,思维意识、判断能力正处于发育、成长时期,对其行为的后果缺乏正确判断,虽然爬上窗台为其个人行为,但是因其为无民事行为人,适用过错推定原则。《侵权责任法》规定将无民事行为能力人受到人身损害适用过错推定原则,即无民事行为能力人在幼儿园、学校或者其他教育机构学习、生活期间受到人身损害的,幼儿园、学校或者其他教育机构应当承担责任,但能够证明尽到教育、管理职责的,不承担责任。综上所述,在上述案例中,幼儿园教师玩忽职守,幼儿园未发现教师离职,导致幼儿摔伤,幼儿园教师为主要责任人。

防范指南

1. 幼儿园教师要具备高度的责任心。在节日活动或亲子活动中,参会活动人员多,幼儿情绪高涨,易发生事故,幼儿园教师要严禁擅离职守,因为事故总是在不经意间发生。

2. 幼儿园教师要具备保护幼儿安全的警惕意识。在活动中,幼儿园教师要牢固树立安全意识,任何时候都不能放松警惕,时刻关注幼儿的安全问题。

3. 幼儿园教师要具备基本的教育技能。幼儿园教师要能将各种安全措施、自我保护行为准确无误地传达给幼儿,用幼儿能理解的方法、语言或行为培养幼儿的安全意识和自我保护能力。

案例四 园外第三方为主要责任的亲子活动事故

※ 案例呈现

为了让幼儿更加亲密地接触大自然,拉近幼儿和家长之间的关系,某幼儿园大班举办了一场外出登山秋游活动。考虑到三个班的幼儿加上家长二百多人,幼儿园校车承载不了,于是幼儿园与市里的公交公司签订了租赁协议,租赁了五辆大巴车。下午六点多,大家登完山后返程,其中一辆大巴车行驶至一个道路交叉口时,与一辆私家车发生剐蹭,造成车辆侧翻。当时车上共有35人,事故造成13名幼儿受伤,其余受伤人员为家长和教师。事故发生后,所有伤者被送往人民医院。经医院核实,13名幼儿中9名为轻伤,4名为皮外伤。事故发生后,公交公司立刻成立事故应急小组善后,全力救治伤员,处理善后相关事务,受伤幼儿正在住院观察,情况稳定。造成事故的原因交通警察还在进一步调查之中。

※ 案例诊断

这是一起典型的亲子户外活动中由第三方为主要责任的安全事故。

※ 政策法规看案例

园外第三方作为侵权主体,主要是指幼儿园、幼儿园教师、幼儿以外的第三方,即校外第三方,可能是自然人,也可能是法人,可能是成年人,也可能是未成年人,主体范围比较广泛,具有不特定性。侵害的客体是幼儿的人身权利,侵害的地点可能发生在幼儿园内,也可能在幼儿园组织的外出活动中,范围比较宽泛。从案例中可以看出,上述人身安全事故发生在幼儿园组织的户外亲子活动中,是由于客车侧翻造成了交通安全事故,事故责任人为客车的法人代表公交公司和客车司机。

《中华人民共和国侵权责任法》第二十八条规定:"损害是因第三人造成的,第三人应当承担侵权责任。"第三人责任是指幼儿园和受害幼儿以外的第三人的过错造成幼儿伤害事故而应由其承担的责任,如幼儿园组织幼儿在园外开展活动时,因园外提供交通工具等消费与服务的服务者,或园外活动的园外组织者存在的过错造成的幼儿伤害。案例中幼儿园与公交公司签订了正式的租赁合同,事故是客车侧翻造成,因此在事故中,按照此条款,公交公司承担侵权责任。

《中华人民共和国侵权责任法》第四十条规定:"无民事行为能力人或者限制民事行为能力人在幼儿园、学校或者其他教育机构学习、生活期间,受到幼儿园、学校或者其他教育机构以外的人员人身损害的,由侵权人承担侵权责任;幼儿园、学校或者其他教育机构未尽到管理职责的,承担相应的补充责任。"补充责任是指当园外第三人的侵权行为造成未成年人人身伤害,幼儿园未尽安全保障责任的,应当承担相应的补充赔偿责任。据此幼儿园在有过错的前提下才需要承担补充责任。上述案例中事故因客车侧翻导致,旅游公司也承认客车租赁合同合法,并且也积极处理事故的善后和赔偿,因而幼儿园不需要承担补充责任。

1. 选择有资质的第三方。幼儿园组织园外亲子活动的时候要注意第三方的选择,选择安全、有保障的旅游公司,并签订合法的旅游合同,要求车辆单位选派能自觉遵守交通法规、驾驶经验丰富、技术熟练的驾驶员和车容、车况、安全性能好的车辆为幼儿园园外亲子活动服务。

2. 提高师幼自身避险能力。幼儿园要增设交通安全课程,开展校车安全事故应急演练活动,锻炼师幼应急避险及疏散能力,日常中加强对幼儿安全知识的宣传和教育,提高幼儿的安全意识和防范能力,让幼儿掌握道路交通事故应急逃生技巧。

3. 制定突发事故应急预案。幼儿园要制定《园外亲子活动突发事故应急预案》,防止幼儿园外活动突发事故的发生,保障幼儿的人身安全。

4. 购买交通意外事故保险。建议幼儿园要求参加外出亲子活动的所有人员购买交通意外事故保险。

案例五　　多方责任的亲子活动事故

✿ 案例呈现

某幼儿园为增强幼儿、家长、老师的消防安全防范意识,举办了"安全牵动你我,消防人人有责""大手拉小手,共筑消防安全"的亲子活动。两名幼儿却在本次活动中因追逐嬉戏不幸从滑梯台阶处摔倒,造成膝盖和手磕破,所幸并无大碍。本来是一场进行安全防范的活动,是什么原因造成孩子摔伤的呢？由于场地受限,本次亲子活动该幼儿园只从每个班级中选取了四名家长。活动当天,幼儿园先进行了一场消防安全知识讲座,介绍了火灾发生后如何逃生等相关注意事项,讲座结束后为了使幼儿和家长有更深刻的体验,由消防安全部门搭建模拟消防逃生演练真实场景。由于消防部门的相关设备未提前准备到位,讲座和模拟活动中间有大约一小时的空余时间。提前出来准备参加活动的家长和幼儿一起聚集到幼儿园户外活动中心。由于每班只有四名幼儿和家长参加,其余孩子在班级中正常活动,因而每班只有一个带队的老师在户外一起等待参加演练。当时,幼儿园园长解释了活动器械正在路上,请各位家长耐心等待,看好自己的孩子。孩子们看到家长都来了,格外高兴,又能和自己同班同学参加活动,更是喜出望外。其中两名中一班的幼儿正在玩滑梯,两名家长也都认识,一边聊天,一边玩手机,在聊天玩手机的同时,时不时地去看一下正在玩耍的孩子。感觉孩子们玩得不错,加之又是常玩的滑梯,两名家长都没有特意去看护两名幼儿玩耍,直到两名幼儿摔伤后才引起注意。事故发生后,家长和老师立马抱着孩子去保健室进行了包扎,所幸两名幼儿只是皮外伤,并无大碍。

✿ 案例诊断

这是一起典型的在幼儿园组织的亲子活动中,幼儿家长、幼儿园教师均在场,承担共同责任的幼儿人身伤害事故。

✿ 政策法规看案例

众所周知,幼儿不同于成人,是一个身心各方面发育都未成熟的特殊群体,其认知能力处于启蒙阶段,规则意识尚未建立,行为后果无法主动预见。他们没有健康的体魄和成熟的心智,其身心发展处于不成熟的特殊阶段,身体各个组织器官处于尚在发育阶段,身体各部分器官相对娇嫩,神经系统比较脆弱,动作协调性差,运动水平低。而幼儿又活泼好动,判断危险因素的能力差,自我保护意识淡薄,自我保护能力差。因此,同伴间玩闹、嬉戏、运动的时候,容易造成难以预料的意外伤害。特别是亲子活动中因幼儿家长参与人数多,场面热烈,很容易造成幼儿情绪失控,如果幼儿、幼儿园教师和幼儿家长麻痹大意更容易引发事故。因而,幼儿园在开展亲子活动和节日活动的时候必须把保护幼儿安全放到首位。《幼儿园教育指导纲要(试行)》中指出:"幼儿园应该把保护幼儿的生命以及促进幼儿的健康放在所有工作的首要位置。"

《最高人民法院关于贯彻执行〈中华人民共和国民法通则〉若干问题的意见(试行)》第一百六十条规定:"在幼儿园、学校生活、学习的无民事行为能力的人或者在精神病院治疗的精神病人,受到伤害或者给他人造成损害,单位有过错的,可以责令这些单位适当给予赔偿。"案例中两名幼儿均是没有行为能力的未成年人,思维意识、判断能力正处于发育、成长时期,对其行为的后果缺乏正确判断,而幼儿园和幼儿园教师又因家长在场忽视了对幼儿的看管,主观上有过错。因而在本次事故中双方都应承担过错责任,即根据过错责任大小予以适当经济赔偿。

《中华人民共和国民法通则》第十二条规定:"不满八周岁的未成年人是无民事行为能力人,由他的法定代理人代理民事活动。"上述案例中两名幼儿为无民事行为能力的人,因在互相嬉戏中造成伤害,其行为后果由其法定监护人幼儿家长承担,另一方面幼儿家长在亲子活动中也确实存在看管不周等失职行为,应承担一定的法律责任。

综上所述,在上述案例中幼儿园、幼儿园教师、幼儿家长均存在过错,应根据各自的责任大小进行赔偿。

防范指南

1. 增强幼儿自我保护能力培养。幼儿园要高度重视幼儿自我保护能力的培养,设立专门的课程,对幼儿进行自我保护教育,让幼儿从小学会有效地保护自我,免受外界意外伤害。

2. 加强家园合作,明确各自责任。幼儿园要加强家园合作,向幼儿家长做好亲子活动中的安全教育以及幼儿意外伤害防范的宣传和培训工作,形成家园合力确保幼儿安全。在亲子活动和节日活动中,幼儿园应把安全放到第一位,与幼儿家长签订安全责任书,明确幼儿园、幼儿园教师、幼儿家长在活动中各自的义务和责任。

3. 幼儿安全贯穿于整个亲子活动。在亲子活动中,幼儿园教师也要牢记自己仍然承担着保护幼儿安全的重要职责,不能因为幼儿家长在场就把幼儿安全推给幼儿家长,要时刻牢记安全的重要性,把安全意识贯穿于整个亲子活动中,只有这样,才能把幼儿园伤害事故预防机制落到实处。

4. 幼儿家长要牢记法定监护人职责。幼儿家长在参加亲子活动的时候,要充分考虑孩子属于"无民事行为能力的人",切实履行自己作为"法定监护人"的职责,在全面保护孩子的安全的提前下参加活动,避免孩子在活动中受到伤害。

■ 学练结合

一、制定一份亲子活动安全预案

二、阅读并分析以下案例

1. 六月一日,某临海地市某幼儿园决定借助靠近海滩的便利条件,组织丰富有趣的"热爱海洋,庆祝六一"亲子活动。为保障活动顺利进行,活动前,幼儿园组织各班老师和家长委员会的委员多次碰头、互相协商、精心安排,对亲子活动开展的地点进行了实地考察,制定了活动方案,要求每个孩子至少有一名家长参与陪同。活动出发前,每位班级的主班老师将活动实施方案、安全注意事项等通过家长QQ群、校讯通向家长们进行了说明,要求携带幼儿必需物品衣服和食物。活动当天,幼儿园全体师生和家长齐聚海滩共同庆祝孩子们的节日,大型文艺演出精彩纷呈,家长们纷纷拿出手机录制视频、拍照、发朋友圈,孩子们也非常高兴。正当节目进入高潮的时候,突然听到有家长喊自己孩子的名字,发现孩子不见了。后来园长在稳定其他家长和幼儿的同时,马上通知保安到附近海滩寻找,后来在海滩边上发现了那名正在捡贝壳的孩子,原来是孩子被海边的贝壳所吸引,告诉她的妈妈她想去捡贝壳,但是她妈妈忙于手机拍照,加之演出声音大,听不清楚,于是她自己溜出去捡贝壳了。虽然孩子找到了,但是这也为我们进行节日活动时对幼儿的关注度敲响了警钟。

请用所学知识分析此次事故的责任归责问题。

2. 七月的一天,某幼儿园组织开展亲子烧烤活动,每个孩子由家长陪同参加,在出发前各班教师通过 QQ 群、校讯通等方式向家长强调了相关安全注意事项,要求家长只带食物和衣服,别的物品不需要带。结果在烧烤时候,一家长私自带液体酒精,且自行倒入火中。事发前,曾有别的幼儿家长提醒他向火中倒酒精的危险,但由于烧烤地点在海边,酒精倒下去的瞬间直扑站在 2 米之外的孩子,致使一幼儿被烧伤。

请用所学知识分析事故的责任归责问题。

3. 某幼儿园组织亲子运动会,一幼儿在进行亲子比赛时候,被爸爸拉着跑,不小心跌倒,导致左大腿骨折,事后发现幼儿园赛道拥挤,并且形状不规则。

请用所学知识分析事故的责任归责问题。

第 八 章
外出活动事故责任认定与防范

■ 基本理论

　　幼儿园外出活动,是幼儿教育活动的重要组成部分。幼儿外出活动可有效地促进孩子活动能力与身体素质的不断提升,为以后的学习生活奠定基础,对孩子的心理、生理发展具有积极的促进作用,有利于幼儿今后德智体美劳的全面发展。外出活动有利于孩子亲近阳光和空气,走近大自然。外出活动是以阳光和新鲜空气为伴,以个体或群体的方式,动用全身感官共同参与的活动;外出活动能满足孩子好动与探究的本性。在外出活动中,孩子所受到的制约大大减少,他们在更多的情况下是活动的主动参与者,因此能充分发挥他们的想象力、动手能力和创造力。

　　此外,在《儿童权利公约》《未成年人保护法》等法律中都贯彻着"儿童最大利益原则",我国更是在相关规程中要求充分体现好、落实好、保障好儿童的外出活动权益,以促进儿童健康成长为出发点,最大程度地维护了幼儿的相关合法权益。

■ 案例时段

案例一　幼儿园外出旅游监管不慎导致孩子受重伤

　　✻ 案例呈现

　　某幼儿园是一家公立幼儿园,日常管理工作比较规范。但是在一次组织小朋友们外出游玩时,还是发生了意外。小朋友们到达旅游景点以后,需要乘坐旅游观光车进行游览。由于幼儿人数较多,同行教师较少。教师为图方便、省时间,便组织所有幼儿同时分乘五辆旅游观光车,其中一辆车没有教师陪护。小明和小芳在车上互相打闹,还解开了安全带,在车辆转弯时,两人不幸从车上跌落,受重伤。家长认为幼儿园在活动组织过程中存在重大过错,要负全责。幼儿园则认为自身有责任,但旅游观景点管理人员也有责任。旅游景点管理人员对此事不予理睬。

　　✻ 案例诊断

　　本案涉及幼儿园组织幼儿外出活动受伤的法律责任认定。

　　✻ 政策法规看案例

　　《幼儿园工作规程》提出:幼儿园应积极开展适合外出的体育活动,加强冬季锻炼。要充分利用日光、空气、水等自然因素,以及本地自然环境,有计划地锻炼幼儿肌体,增强身体的适应和抵抗能力,保证健康以及外出活动安全。幼儿园应为幼儿提供规范、安全的外出活动环境。在幼儿园组织外出活动时,幼儿教师应对幼儿进行必要的安全教育和能力培养训练。

《侵权责任法》第三十八条规定:"无民事行为能力人在幼儿园、学校或者其他教育机构学习、生活期间受到人身损害的,幼儿园、学校或者其他教育机构应当承担责任,但能够证明尽到教育、管理职责的,不承担责任。"

《未成年人保护法》第二十二条规定:"学校、幼儿园安排未成年人参加集会、文化娱乐、社会实践等集体活动,应当有利于未成年人的健康成长,防止发生人身安全事故。"幼儿园组织外出活动时,一定要在保证安全的前提下进行。幼儿园作为组织者要配备足够的教师,出发、集合、分散活动都要事先计划好,确定好详细的活动方案,确定具体的责任人。

案例中组织活动的教师为节约时间要求所有孩子同时乘坐五辆旅游观光车,由于幼儿人数较多,配备的幼儿教师数量不足,其中一辆观光车没有教师陪护,这明显是幼儿园教师没有尽到保护责任;景点管理人员也默许没有成人陪同、只有幼儿乘坐的观光车运行,景点管理人员也有疏于管理的责任。小明和小芳在车上互相打闹,解开了安全带,教师和景点管理人员都没有注意到,最终导致事故发生。很明显,该案例中幼儿园教师和景点管理人员对幼儿受伤事故都负有不可推卸的责任,共同承担相关医疗费。

防范指南

1. 教育管理部门要规范管理,严格检查幼儿园外出活动组织安排,减少安全事故,保障儿童权益,幼儿园外出活动要严格按照相关部门要求安排。

2. 幼儿园教师要严格履行好幼儿监管看护责任,不能以任何理由、任何原因麻痹大意导致出现管理空白。

3. 幼儿园要依法办园、依法执教,以保障幼儿最大利益为原则,确保幼儿外出活动安全。

案例二 幼儿园外出管理不当导致幼儿受伤

❋ 案例呈现

某幼儿园中班为了帮助幼儿体验购物的程序及规则,参与社会实践活动,提高交往能力,老师们组织了一次幼儿参观超市的活动。参观过程中,幼儿当当由于好奇,误将枪手杀虫剂当成喷泡泡的玩具,对三名幼儿进行喷射,导致三名幼儿眼部不适,到医院检查观察产生一定的医疗费用。三名幼儿家长追究教师责任。教师则认为在活动前已经给幼儿讲了注意事项,责任应由当当父母承担。

❋ 案例诊断

本案是一起幼儿园组织幼儿外出参观造成的伤害事故纠纷。

❋ 政策法规看案例

根据《最高人民法院关于贯彻执行〈中华人民共和国民法通则〉若干问题的意见(试行)》第一百六十条和《最高人民法院关于审理人身损害赔偿案件适用法律若干问题的解释》第七条的过错责任规定,虽然幼儿园不是幼儿的法定监护人,但是幼儿园对其控制范围内活动的幼儿,却有保护、管理的责任。

幼儿园组织幼儿外出参观,由于监管不到位,须承担相应的责任。

防范指南

1. 幼儿园应该切实做好幼儿的安全管理工作,在正常的外出活动期间,幼儿离队等特殊情况应当有家长或者老师陪同,确保安全。

2. 教师在组织活动时要密切注意幼儿的一举一动,教师负有管理看护的责任,确保幼儿管理不断线,不出现管理空白,以防幼儿走失或发生其他危险。

3. 预先制定安全预案,规定好外出参观时的规则及注意事项(安全、礼貌问题及注意行路中的安全)等。

案例三　幼儿园外出保护不当侵犯幼儿生命健康权

❈ 案例呈现

根据幼儿园的学期计划,九月中旬的一天,园里组织小朋友们到游乐场秋游,游乐场里孩子们很开心也很兴奋,在转场乘坐小火车时,跳跳小朋友在乘坐小火车行进期间发现轨道旁边有好多漂亮的鲜花和好看的树叶,就兴奋地从座位上站了起来伸出小手去摸,恰巧小火车转弯,一晃,跳跳就摔倒了,身上多处擦伤,脖子也扭了下,老师检查后初步判定没什么大碍,用随身携带的医疗箱进行了相应的消毒和包扎,中午发现孩子不愿吃饭,精神也有些不好,于是就去送医,检查后发现是隐性骨折。

事故发生后,跳跳的家长向幼儿园提出损害索赔。但幼儿园认为应该找游乐场,因为造成这起伤害事故的直接原因是跳跳坐上小火车后安全带没有扣紧,而游乐场的管理人员在小火车出发之前没有检查出这一漏洞,导致跳跳可以在小火车行进时突然站立而酿成事故,所以应该是游乐场承担责任。可游乐场则声称,跳跳是在乘搭小火车过程中自己解开安全带的,幼儿园作为本次活动的组织者,负有安全教育不到位和照料不周全的责任,应由幼儿园承担赔偿责任。

❈ 案例诊断

本案是关于幼儿在参加幼儿园组织的秋游中发生伤害事故法律责任认定问题。

❈ 政策法规看案例

第一,教师麻痹大意,在孩子们活动时没有合理分工,出现管理盲区,孩子们玩危险游戏时不能及时发现制止。这样的事件虽是个意外,但教师应该具备处理意外的能力。尤其是在室外活动时,由于孩子们的年龄特点,自觉性差,对危险的认知不够,教师一定要合理安排活动内容、时间、节奏,使孩子们不脱离自己的视线,才能避免孩子们不做危险游戏,最大限度地保护孩子们的安全。

第二,在伤害发生后,教师对幼儿的伤后处理方式太随意,不具备基本的保育、保健知识;在意外发生以后,教师对孩子受伤这件事情不够重视,处理太过随意,觉得只是摔了一跤,揉一揉就没事了。孩子受伤在所难免,这一点大部分家长都可以理解,但是如果由于教师的疏忽而导致自己的孩子没有得到及时的治疗,家长是有权利追究的。所以对于每一个受伤的幼儿都应该引起足够的重视,仔细地检查。

第三,幼儿园的规章制度不够细化。对孩子们在幼儿园学习、活动、休息时可能出现的安全隐患都应该提前预想到,认真制定各类预案、细则,明确各自责任,让每一位教师都树立以孩子为中心的思想,而不是出了事故后的补救或者推卸责任。

《学生伤害事故处理办法》第十一条规定:"学校安排学生参加活动,因提供场地、设备、交通工具、食品及其他消费与服务的经营者,或者学校以外的活动组织者的过错造成的学生伤害事故,有过错的当事人应当依法承担相应的责任。"《学生伤害事故处理办法》第九条第四项规定:"学校组织学生参加教育教学活动或者校外活动,未对学生进行相应的安全教育,并未在可预见的范围内采取必要的安全措施的,要承担相应的责任。"

《未成年人保护法》第二十二条规定:"学校、幼儿园安排未成年人参加集会、文化娱乐、社会实践等集体活动,应当有利于未成年人的健康成长,防止发生人身安全事故。"幼儿园组织外出活动时,一定要在保证安全的前提下进行。组织者要配备足够的教师,出发、集合、分散活动都要事先计划好,确定好详细的活动方案,确定具体的责任人。

依据法律,幼儿园对幼儿负有三项责任:教育责任、管理责任、保护责任。教育虽然是幼儿园的主要职能,但就责任的性质来说,教育责任说到底不是一种法律责任,而是幼儿园的职责和功能,管理失范和保护不周才是承担法律责任的依据。幼儿园只有保证幼儿安全,才能实现其教育目的。《中华人民共和国未成年人保护法》第三章"学校保护"具体讲述了学校对幼儿的保护责任。学校保护最终是要通过学校的内部管理行为来实现的,在教育教学活动过程中幼儿园应忠于职守,履行自己的职责,尽量避免事故的发生。

《最高人民法院关于贯彻执行(中华人民共和国民法通则)若干问题的意见(试行)》第一百六十条和《最高人民法院关于审理人身损害赔偿案件适用法律若干问题的解释》第七条的过错责任规定,虽然幼儿园不是幼儿的法定监护人,但是幼儿园对其控制范围内活动的幼儿,却有保护、管理的责任。该幼儿园由于在管理上有过错,必须承担相应的责任。

· 防范指南 ·

1. 幼儿园应为幼儿选择安全的活动场所,安排安全的、符合幼儿年龄特点的、有益的活动,不应该选取危险程度较高,不易于儿童活动,存在相关安全隐患的场所,幼儿教师应该做好相关的安全预案,携带相关的医疗器材,组织幼儿教师进行专门的卫生急救培训,确保突发事故能够及时反应、解决。

2. 本着"安全第一"的原则,提高教师的安全责任意识,负起自己的监督保护责任,不能由于客观原因就忽略了自己的监管责任,做好相关的制度规定,及时做好监管的交接及预防,加强对幼儿的安全教育和自我保护教育。

3. 建议出游前为幼儿购买相应的旅游、交通、意外等保险,及时与家长做好协调,进行安全防范的专题教育。

4. 家长要关心幼儿园教育活动内容的安排,在幼儿园组织秋游活动前教育、提醒幼儿遵守各种游戏规则,让孩子明白什么该做,什么不该做,帮助孩子提高安全意识。

案例四 幼儿园野外活动看护不当致幼儿走失

❋ 案例呈现

某幼儿园组织幼儿到植物园春游。快到中午的时候,孩子在一片小树林里休息,边吃点心,边等着车子。几个调皮的孩子在树林里打打闹闹,渐渐跑出了教师的视线。车子来了,一清点人数,发现少了三个孩子。后来,一位老人把几个孩子带到了植物园门口。据老人说,他是在植物园的水池边看到这几个孩子的,发现他们没有大人看管,怕在水池边出危险,就带了过来。

❋ 案例诊断

这是一起典型的幼儿园出游活动中的走失事件。

❋ 政策法规看案例

儿童走失属于幼儿园严重的安全事故。儿童走失是幼儿园管理的失误,是幼儿园未尽看管之职。儿童在幼儿园期间(指幼儿从踏入幼儿园门到离开幼儿园这段时间),教师应该像家长一样看管幼儿。

幼儿离园必须经教师同意，或者幼儿家长的许可。

《最高人民法院关于贯彻执行〈中华人民共和国民法通则〉若干问题的意见(试行)》第一百六十条具体解释了儿童损伤事件的责任问题："在幼儿园、学校生活、学习的无民事行为能力人……受到伤害或者给他人造成损害，单位有过错的，可以责令这些单位适当给予赔偿。"可见，依据法律，处理责任事故的前提是分清幼儿园在事故中的过错，并根据过错大小承担相应的责任。

《学生伤害事故处理办法》第九条第四项规定："学校组织学生参加教育教学活动或者校外活动，未对学生进行相应的安全教育，并未在可预见的范围内采取必要的安全措施的，要承担相应的责任。"

此案例中幼儿走失的主要原因，一是教师疏忽大意，二是教师对环境缺乏充分的了解。虽然幼儿很快找回，但是幼儿园教师却负有看护不当的责任，存在过错。

防范指南

1. 出行前需充分准备。要做好相关安全预案并对出游场所及周边环境熟悉了解。
2. 关注危险地带。活动时要注意远离危险地带或设置临时安全护栏等，并对孩子进行相关安全知识教育，让孩子们了解什么是危险的，什么是安全的；怎么做是正确的，怎么做是错误的。提高孩子们辨别危险的能力。
3. 时刻监管孩子。要时刻关注孩子动向并保持孩子在本人视线范围之内。

案例五　　野外春游观察监管不到位引发幼儿过敏

✽ 案例呈现

某幼儿园在周末组织了一次集体春游，等到周一孩子来园时，发现有的孩子没来。家长说孩子皮肤上长出很多小疙瘩，还有的起水疱或出现皮疹，奇痒难忍，双休日到医院检查说是过敏。由于人不多，教师也没放在心上，继续开展工作，并没有安排家访，及时跟进病情，掌握幼儿情况。但当天，又有孩子在幼儿园里出现了类似的症状，教师赶忙向保健医生和园长汇报，发病的孩子也被及时送到了医院，并告知家长要注意春游可能引起孩子的过敏，出现类似症状及时到医院治疗。

✽ 案例诊断

这是一起幼儿园组织外出活动时未注意环境对孩子皮肤健康安全的影响，导致孩子出现皮肤过敏问题的案例。

✽ 政策法规看案例

《学生伤害事故处理办法》第九条第四项规定："学校组织学生参加教育教学活动或者校外活动，未对学生进行相应的安全教育，并未在可预见的范围内采取必要的安全措施的，要承担相应的责任。"《中华人民共和国教育法》第四十四条、《未成年人保护法》第三十二条都要求学校给幼儿提供安全的体育活动设施和卫生的校园环境。幼儿园要保证幼儿的饮水、饮食卫生，防止食物中毒，预防各种疾病在园内传播、流行。发现幼儿园的教学设施存在安全隐患时，要及时汇报，让幼儿远离危险设施，避免幼儿在危险的环境中活动。《最高人民法院关于贯彻执行〈中华人民共和国民法通则〉若干问题的意见(试行)》第一百六十条具体解释了儿童损伤事件的责任问题："在幼儿园、学校生活、学习的无民事行为能力人……受到伤害或者给他人造成损害，单位有过错的，可以责令这些单位适当给予赔偿。"可见，依据法律，处理责任事故的前提是分清幼儿园在事故中的过错，并根据过错大小承担相应的责任。

本案例中幼儿园在组织春游活动时未做好相关安全预防措施，导致孩子意外过敏，给孩子的健康带来了一定影响，没有履行好管理、保护的职责，存在一定的过错。

防范指南

1. 积极思考,事先准备。在组织外出前应该充分考虑相关的安全因素,并做好相关的安全防范措施。强化教职工的责任意识和安全意识,要求每位教职工提高工作责任心。

2. 强化责任,提高重视。对于孩子出现的一些问题要引起高度重视,并认真分析原因,而不是等事态严重了才引起重视。请专业的幼儿保健医生定期为教职工培训,使教职工深入了解幼儿保健知识,提高对各类伤害事故的及时救治能力。

3. 加强教育,做好引导。在外出活动时要注意加强对孩子的安全教育,增强孩子的安全意识;同时还应做好监督引导,避免孩子接触不健康不安全物品。进一步细化幼儿园规章制度,明确幼儿园一日常规,各类活动细则和教职工各自职责。

■ 学练结合

一、幼儿外出活动的安全隐患大致可分为哪几类?

二、阅读并分析以下案例

1. 秋高气爽的季节,某幼儿园教师经常带孩子到野外去散步,孩子们都很喜欢到幼儿园旁边的一个小树林里。因为那里地上有落叶、树枝,还有树上掉下的小果子,小朋友们经常在地上找找这个,寻寻那个,有的还把小果子藏到口袋里。老师虽然看到了这些情景,但也未觉得有什么不妥,觉得不会出现什么问题,便独自一人四处闲逛了一会儿。等到散步回来,老师就让孩子们在幼儿园的草地上休息一会儿。休息的时候,教师发现有两个孩子面对面坐着,嘴里还含着什么东西。过去一看,原来他们正在把口袋里藏着的一粒粒果子掏出来放在草地上,而他们的嘴里已经分别含了一个,正津津有味地吮吸着。教师赶忙制止了他们,并挨个检查了一遍。后来,教师再也不敢带孩子到那片树林里去散步了。

幼儿园教师的做法是否妥当?为什么?正确的做法是什么?

2. 某幼儿园组织孩子到市郊的森林公园去春游,当孩子们爬上一处山坡,发现路边有许多野果。这些野果看上去颜色鲜艳,像小圣女果一样。于是孩子就争着说是小圣女果,胆大的孩子还问可不可以吃。教师当然不允许,但这时一个老家在山区的教师过来说,这个是可以吃的,她小时候经常在山上摘着吃呢。于是教师就放心了,还鼓励孩子去尝一尝。半个小时后,就有孩子呈现中毒反应:呼吸急促、脸色发青,并伴有呕吐症状。这时教师方知闯了祸,赶忙叫车把孩子送到附近医院。经过几个小时的抢救,这些孩子才全部脱险。

分析幼儿园老师的"过失",对今后幼儿园组织外出活动的启示有哪些?

3. 某幼儿园组织孩子到野生动物园去春游,由于路途较远,在看完了一些动物之后,教师带孩子们在一个草坪上休息,喝水吃东西。几个孩子趁教师不注意,溜到了湖边,饶有兴趣地看别人钓鱼。过了一会儿,就听到有人呼叫孩子落水了。教师赶紧跑过去,孩子被工作人员及时拉了上来。原来,两个孩子竟然自己跑到了停在湖边的游船上,一不小心摔到了水里。

分析幼儿园老师有哪些做得不到位的地方,应该如何避免问题的发生?

4. 上午外出活动时间,幼儿园中班集中在游乐园大型玩具活动场进行活动。当时带班教师正在整理玩具,孩子们则由保育员和实习老师带领在游乐场自由玩耍。一个孩子不小心摔倒在地上大哭起来,老师立即上前检查,发现他没有外伤,便安抚继续活动。实习老师见孩子没有异样就没有告诉带班教师。中午吃饭时,老教师发现该孩子不愿意自己吃饭,说是手痛,老师仔细检查询问,发现其右手腕有些肿。随即送往卫生室检查,医生建议马上到附近医院拍片检查。经检查,系手腕脱臼。之后,通知其父母,当家长接孩子时看到幼儿伤情,非常生气,要求园领导解决处理。

案例中幼儿园老师存在哪些失职? 幼儿园是否应当承担责任? 依据是什么?

第 九 章

园方或教师侵权幼儿事故责任认定与防范

■ 基本理论

　　儿童权利是被法律、道德或习俗认定为正当的,不能以任何理由剥夺的儿童应享有的某种利益、资格、权能或自由等,如生存权、发展权、受保护权、肖像权等,是每位儿童不证自明、与生俱来的权利。儿童的权利已载入《儿童权利公约》《中华人民共和国未成年人保护法》等国内外法律文本中。

　　但由于儿童的稚弱,其权利极易受到侵犯。因此,《儿童权利公约》确立了这样一条原则:涉及儿童的一切行为均应以儿童的"最大利益原则",最早由 1959 年《儿童权利宣言》确认为保护儿童权利的一项国际性指导原则。此后,在若干国际公约和区域性条约中这一原则又多次得到重申。1989 年 11 月,联合国大会正式通过了《儿童权利公约》(以下简称《公约》)。《公约》的制定和颁行是确立儿童最大利益原则的里程碑。《公约》第三条第一款明确规定:"关于儿童的一切行动,不论是由公私社会福利机构、法院、行政当局或立法机构执行,均应以儿童的最大利益为一种首要考虑。"公约确认最大利益原则的意义在于,一方面它赋予了最大利益原则以条约法的效力,可以对儿童权利的保护发挥更大的作用,并为解决儿童保护问题和与之相关的紧张与冲突提供一个合理的解说;另一方面,它确立了一个重要理念,即涉及儿童的所有行为均应以"儿童的最大利益"为首要考虑,而且把这种考虑宣布为儿童的一项权利。

　　我国已批准并加入了《儿童权利公约》,因而有义务也有必要全面贯彻儿童最大利益原则。为了切实遵循"儿童最大利益原则",应当本着未成年人利益优先之精神,尊重未成年人的人格独立性,从未成年人的角度评价其行为,充分考虑未成年人人格和行为的特殊性。

　　3～7 岁的幼儿作为特殊的未成年人群体,在发展中的一些具体权利也在学前教育相关的政策、法规中做了更为具体的规定,这不仅有利于贯彻儿童最大利益原则,也敦促相关部门、机构和成人以幼儿最大利益为出发点,最大程度保障幼儿的合法权益。

■ 案例时段

案例一　幼儿园侵犯幼儿户外活动时间的权利

❈ 案例呈现

　　某幼儿园是天津某教育集团的联盟园,为了节约租金和考虑生源,在选择园址的时候,选取了某市郊区一个生活区临街的三层楼门面。由于没有户外场地,审批遇到了困难,但是园所法人找关系审批也通过了。开学前,该园在三层楼顶设置了户外场地。由于小班幼儿年龄小,园长和老师们担心孩子们上下楼梯有危险,便取消了小班到楼顶的户外活动时间,并向家长做了说明,要求家长签署取消户外活动时间的同意书,小班幼儿家长出于已经到开学时间、离家近、能享受到联盟园中与大城市孩子相同的优质教育等因素,签署了同意书。

一学期下来,有些小班幼儿的家长带孩子进行微量元素检查的时候,发现由于在幼儿园几个月不晒太阳,幼儿缺钙严重。家长们愤怒地找到园长,要求赔偿检查费用,并就幼儿园取消小班幼儿户外活动给孩子生长发育带来的危害进行赔偿。

❈ 案例诊断

这是一起民办幼儿园侵权小班幼儿户外活动时间的典型案例。

❈ 政策法规看案例

案例中的幼儿园在选址的时候,没有将幼儿户外活动场地作为考虑的重点,并以小班幼儿安全为由,取消了小班幼儿到楼顶进行户外活动的时间。这种做法严重违反了《幼儿园工作规程》对幼儿每日进行户外活动时间的规定,造成对幼儿的侵权。

《幼儿园工作规程》提出幼儿园的园舍应当符合国家和地方的建设标准,以及相关安全、卫生等方面的规范,定期检查维护,保障安全。

第三十五条规定:幼儿园应当有与其规模相适应的户外活动场地,配备必要的游戏和体育活动设施,创造条件开辟沙地、水池、种植园地等,并根据幼儿活动的需要绿化、美化园地。第三十七条规定:幼儿园的建筑规划面积、建筑设计和功能要求,以及设施设备、玩教具配备,按照国家和地方的相关规定执行。

关于幼儿户外活动时间,《幼儿园工作规程》做出了明确具体的要求。第十八条规定:幼儿园应当制定合理的幼儿一日生活作息制度。正餐间隔时间为 3.5～4 小时。在正常情况下,幼儿户外活动时间(包括户外体育活动时间)每天不得少于 2 小时,寄宿制幼儿园不得少于 3 小时;高寒、高温地区可酌情增减。

幼儿园以安全为由,禁止小班幼儿到楼顶进行户外活动。小班幼儿在幼儿园缺乏晒太阳的时间,成为导致幼儿缺钙的重要原因之一,幼儿园为此负全责。

─ 防范指南 ─

1. 教育局审批管理部门要严把关口,对举办者办园的场地(室内建筑面积、室外建筑面积、办园规模、举办者资质、办园可行性报告等)要严格按照国家要求进行审批,杜绝营私舞弊。

2. 幼儿园和教师要依法办园、依法执教,以保障幼儿最大利益为原则,保障幼儿户外活动权利。

案例二 **幼儿园教师侵权幼儿肖像权**

❈ 案例呈现

某幼儿园的张老师在幼儿开展活动的时候,经常抓拍孩子们的照片。有一次,经熟人介绍,出版社编辑向张老师约稿一本学前教育教材,要求插入一些图片。张老师在教材编写中,便把日常给孩子们拍的一些图片插入到教材中。后来,有一位李姓家长知道了这件事,他发现张老师所出版教材中有三张自己女儿的照片,便指责张老师侵犯了自己女儿的肖像权,向张老师主张稿费 600 元,并要求张老师道歉,保证不再擅自使用孩子照片。

张老师认为自己是在组织本班幼儿们活动的时候抓拍的,属于自己的劳动成果;幼儿是自己的学生,如果事先问,孩子们也会同意;而且只是用于学前教育教材的出版。所以,张老师拒绝家长索要稿费和道歉。随后,家长将张老师告上法庭。

❈ 案例诊断

本案例是一起因幼儿肖像权受到侵害所引起的法律纠纷案。

❈ 政策法规看案例

肖像权是以自然人的肖像为权利客体,所享有的对自己的肖像体现的人格利益为内容的一种人格权,是自然人对自己的照片、画像、雕塑像、录像、全息摄像及其他具有载体的视感影像依法享有的不受非法侵犯的权利。肖像权直接关系到自然人的人格尊严及其形象的社会评价,是自然人所享有的一项重要人格权。肖像权的权利所有者不受年龄的限制,未成年人同样具有肖像权。公民对于自己的肖像,有制作和使用的专有权,非经本人或法定代理人的同意,不得以营利为目的擅自使用他人的肖像。

案例中,张老师未经幼儿法定监护人同意,以有偿方式作为出版教材中的插图,侵犯了幼儿的肖像权。

《中华人民共和国民法通则》第一百条规定:"公民享有肖像权,未经本人同意不得以营利为目的使用公民的肖像。"

《最高人民法院关于贯彻执行〈中华人民共和国民法通则〉若干问题的意见》第一百三十九条规定:"以营利为目的,未经公民同意利用其肖像作广告、商标、装饰橱窗等,应当认定为侵犯公民肖像权的行为。"

根据《民法通则》第一百二十条的规定:"公民的肖像权受到侵害的,有权要求停止侵害,恢复名誉,消除影响,赔礼道歉,并可以要求赔偿损失。"

本案中张老师的行为已经侵犯了幼儿的肖像权。3~7岁的幼儿属无民事行为能力人,即便幼儿口头同意老师使用自己的照片,或即使是书面同意也都是无效的,必须另有幼儿监护人的书面同意。张老师应该向家长和幼儿赔礼道歉,取得家长原谅,并向家长支付一定数额的稿费,经家长书面同意后,插入幼儿相片的教材才能继续发行使用。

防范指南

1. 教师要增强法律意识,打消是自己所教学生就可以随意使用幼儿照片的想法。

2. 幼儿园凡需要使用幼儿肖像情况,无论是印发招生广告宣传自己的办园理念和特色、装饰橱窗或作其他商业用途时,如果文字或图像中涉及幼儿、幼儿家长相关的肖像、姓名等信息时应慎重行事,事先均应征得其家长同意。

3. 幼儿园或教师在家长理解、支持基础上经家长同意许可使用幼儿肖像后,如要改变其他用途,也需征得其家长同意。

4. 幼儿园要组织教师加强法律学习,不断提高法律观念和法律修养,做到依法办园。

案例三 幼儿园教师侵权幼儿的著作权

❈ 案例呈现

某幼儿园中班的君君小朋友有绘画天分,尤其擅长画鱼。君君告诉老师,自己家有个大鱼缸,养了很多条鱼。君君5岁时画的画作就已经栩栩如生了。每次绘画活动结束时,王老师都把幼儿的绘画作品收走。王老师尤其对君君画的一副九鱼戏水爱不释手,并在未征得君君父母同意的情况下在出版社征稿时将这幅画交给出版社。该出版社在出版一本画集时将这幅画作收入其中,作者署上了君君的名字,指导教师署上了王老师。君君的妈妈知道此事后找到王老师,要求取回稿酬和样书,并要求王老师以后不能在不经家长同意情况下擅自出版自己孩子的作品。王老师以种种理由拒绝。于是君君的妈妈以君君法定代理人的身份向法院起诉,要求王老师退回稿酬和样书,并向自己道歉。

❋ 案例诊断

本案是一起因幼儿的著作权受侵害而引起的法律纠纷案。

❋ 政策法规看案例

著作权又称版权,是指作者及其他著作权人依法对自己作品享有的人身权和财产权的总称。著作权分为著作人格权与著作财产权。著作人格权包括公开发表权、姓名表示权及禁止他人以扭曲、变更方式,利用著作损害著作人名誉的权利。著作财产权是无形的财产权,包括重制权、公开口述权、公开播送权、公开上映权、公开演出权、公开传输权、公开展示权、改作权、散布权、出租权等等。依据我国著作权法的相关规定,创作作品的公民就是该作品的作者。判断一个人是否是某作品的作者,关键是看该作品是否是该作者创作的。法律并没有规定著作权人必须是完全行为能力人,年龄的大小只是影响人的行为能力,但并不影响人的权利能力。因此,尽管幼儿属于无民事行为能力人,但他(她)同样对其所创作作品享有著作权,依法获得《著作权法》的保护。

《著作权法》第十一条规定:"著作权属于作者,创作作品的公民是作者。"

《著作权法》第四十七条规定:"有下列侵权行为的,应当根据情况,承担停止侵害、消除影响、赔礼道歉、赔偿损失等民事责任:(一)未经著作权人许可,发表其作品的;(七)使用他人作品,应当支付报酬而未支付的。"

幼儿园教师侵犯幼儿著作权的事件时有发生,究其原因,主要有两个方面:一是不能充分认识儿童作为权利主体所拥有的权利,在署名时也经常忽略幼儿的姓名等相关信息;二是幼儿绘画作品多是由幼儿园教师组织活动时指导或辅导完成,因而容易忽略幼儿的著作权,也容易忽略作为幼儿法定监护人的意见。

案例中的王老师未经幼儿法定监护人的许可,把幼儿的作品拿到出版社去发表,已构成侵权。因此,幼儿法定监护人的要求是合理合法的。上述案例中,幼儿园王老师应向幼儿君君支付报酬,并停止侵权行为。如果幼儿法定监护人继续追究的话,出版社和幼儿园还应承担相应的侵权责任。

― 防范指南 ―

1. 幼儿园保教人员要真正认识到幼儿是具有独立法律人格的公民,尊重其作为一位公民所享有的各项法律权利。在幼儿园的教育教学及相关的各项活动中,教师必须尊重法律赋予幼儿的各种权利。

2. 增强法律意识。幼儿园教师要重视教育法律法规的学习,如《教育法》《教师法》《未成年人保护法》等。只有知法懂法,才能做到遵法守法,尊重和保护儿童的权利。

3. 加强与幼儿监护人的沟通。幼儿的著作权同样受法律保护。幼儿园如要发表幼儿作品,必须与其监护人协商,征得其同意,并按合同支付稿酬,最好有书面协议。

案例四 幼儿园教师侵犯幼儿的受教育权

❋ 案例呈现

三岁半的瑞瑞到了入园的年龄,却面临着无学可上的境地。瑞瑞左脸上有一块天生的胎记,略红,虽然不算太明显,但面积很大,几乎覆盖了半张脸。本来他可以在离家很近的乡镇中心幼儿园读书,但报名时遭到了拒绝,园长的理由是每个班级人数都招满了。瑞瑞的爸爸妈妈又带着瑞瑞到乡镇附近的民办幼儿园报名,同样遭到拒绝。眼看着新学期就要开始了,瑞瑞爸爸妈妈认为两所幼儿园拒收瑞瑞,是心存歧视,就到当地教育局讨说法,要求幼儿园必须接纳孩子,并保证不得歧视孩子。

❋ 案例诊断

本案涉及对幼儿受教育权的法律保护。

❋ 政策法规看案例

受教育权是指公民享有从国家接受文化教育的机会和获得受教育的物质帮助的权利。它是一项基本人权,是中国公民所享有的并由国家保障实现的接受教育的权利,是宪法赋予的一项基本权利,也是公民享受其他文化教育的前提和基础。受教育权包括两个基本要素:一是公民均有上学接受教育的权利;二是国家提供教育设施,培养教师,为公民受教育创造必要机会和物质条件。

联合国颁布的《儿童权利公约》也规定儿童自出生以来就具有生存权、姓名权、国籍权、不受剥削和虐待的权利、受教育权等。我国作为该公约的缔约国,理应为全体儿童能够享受到平等的受教育权创造条件。

我国《宪法》规定,公民的基本权利有平等权、政治权利、宗教信仰自由、人身自由、社会经济权利、文化教育的权利、监督权以及特殊阶层、群体的权利。第四十六条明确规定:"中华人民共和国公民有受教育的权利和义务。"

《中华人民共和国教育法》第九条规定:"中华人民共和国公民有受教育的权利和义务。公民不分民族、种族、性别、职业、财产状况、宗教信仰等,依法享有平等的受教育机会。"第三十六条也规定:"受教育者在入学、升学、就业等方面依法享有平等权利。"

《中华人民共和国义务教育法》有相关的规定:"凡具有中华人民共和国国籍的适龄儿童、少年,不分性别、民族、种族、家庭财产状况、宗教信仰等,依法享有平等接受义务教育的权利,并履行接受义务教育的义务。"第五条规定:"各级人民政府及其有关部门应当履行本法规定的各项职责,保障适龄儿童、少年接受义务教育的权利。"

《中华人民共和国未成年人保护法》第三条第二款规定:"未成年人享有受教育权,国家、社会、学校和家庭尊重和保障未成年人的受教育权。"

很显然,上述案例中幼儿园的做法明显违背了上述法律精神。幼儿园拒绝适龄幼儿入园属于违法行为。近年来,适龄幼儿在入园报名时由于容貌、身体健康状况、外来人员户籍等原因受到歧视而遭到拒绝入园的案例逐渐增多。

受多种因素的制约,我国当前入园难现象没有得到很好的解决。不少幼儿园为多吸收生源,对容貌有明显缺陷的幼儿拒之门外。

幼儿家长可以将这一问题反映给相应的教育主管部门,教育主管部门应该责令该幼儿园停止这一行为,接受幼儿入园,以保证他们的平等受教育权。

--- 防范指南 ---

1. 幼儿园要平等对待每个幼儿,不因性别、家庭经济状况、相貌和身体状况等歧视他们,不得因上述原因而拒绝其入园上学,切实保障幼儿的受教育权。

2. 幼儿园要遵循儿童法律权利保障的原则,为幼儿的发展提供良好的发展条件。

3. 加大公办幼儿园对弱势群体的倾斜,让公办幼儿园更多地体现公益性,应保障容貌有缺陷、外来务工人员平等享受公共服务的权利。

4. 家长在遇到对幼儿的不公平对待时,要勇于拿起法律武器维护儿童的合法权益。

案例五　幼儿园教师侵犯幼儿生命健康权

❈ **案例呈现**

全托幼儿亮亮在秋天户外活动时,把从地上捡到的一枚被落叶半遮盖的纽扣吞入腹中。回到活动室后,亮亮告诉了保育员刘老师自己吃了圆圆的扣子。刘老师观察了亮亮两天没发现异常,以为亮亮是想象型撒谎,工作一忙起来就把这事忘了。三个月后,亮亮妈妈发现小亮走路时不能保持平衡,经医生检查,发现亮亮下腹腔内有一圆形异物,导致腰部的肌肉肿大,影响了孩子正常行走。亮亮家长认为,孩子在幼儿园吞入异物后,保育员刘老师既没有重视,园方也没有采取相应措施,并且没有及时通知家长,严重损害了亮亮的生命健康权,要求幼儿园赔偿相关医疗费用。幼儿园认为这粒纽扣也可能是家长将孩子接回家时吞进去的,不予赔偿。亮亮父母一怒之下将幼儿园告上法庭。

❈ **案例诊断**

本案是一起幼儿生命健康权受到侵害引起的法律纠纷。

❈ **政策法规看案例**

上述案例涉及幼儿的生命健康权。生命健康权是公民最基本、最重要的权利,是公民享受其他权利的基础。生命健康权包括生命权和健康权两部分,未成年人享有生命安全、身体健康受法律保护的权利,任何组织和个人都不得非法侵害。2012年国家教育部颁布的《幼儿园教师专业标准》提出"关心和爱护幼儿,将幼儿的生命安全和身心健康放在首位"。

《民法通则》第九十八条规定:"公民享有生命健康权。"

《中华人民共和国侵权责任法》第三十八条规定:"无民事行为能力人在幼儿园、学校或者其他教育机构学习、生活期间受到人身损害的,幼儿园、学校或者其他教育机构应当承担责任,但能够证明尽到教育、管理职责的,不承担责任。"

《最高人民法院关于贯彻执行〈中华人民共和国民法通则〉若干问题的意见(试行)》第一百六十条明确规定:"在幼儿园、学校生活、学习的无民事行为能力人或者在精神病院治疗的精神病人,受到伤害或者给他人造成损害,单位有过错的,可以责令这些单位适当给予赔偿。"

《最高人民法院关于审理人身损害赔偿案件适用法律若干问题的解释》第七条规定:"对未成年人依法负有教育、管理、保护义务的学校、幼儿园或者其他教育机构,未尽职责范围内的相关义务致使未成年人遭受人身损害,或者未成年人致他人人身损害的,应当承担与其过错相应的赔偿责任。第三人侵权致未成年人遭受人身损害的,应当承担赔偿责任。学校、幼儿园等教育机构有过错的,应当承担相应的补充赔偿责任。"

我国《民法通则》第一百一十九条规定:"侵害公民身体造成伤害的,应当赔偿医疗费、因误工减少的收入、残废者生活补助费等费用;造成死亡的,并应当支付丧葬费、死者生前抚养的人必要的生活费等费用。"

依据以上法规规定,案例中幼儿园保育员教师的疏忽行为给幼儿亮亮的身体健康造成伤害,幼儿园也没有采取任何措施,家长可以基于法律要求幼儿园给予赔偿。由教师的行为造成孩子伤害的,幼儿园承担赔偿责任以后,可以对教师进行批评教育或处分,严重的可以依法向责任教师进行追偿。

防范指南

1. 幼儿家长和幼儿园的保教人员要在日常生活中对幼儿进行必要的安全教育。

2. 幼儿园要重视对幼儿园保教人员及园内其他所有工作人员的教育,由于幼儿是无民事行为能力人,幼儿园尤其应谨慎看护。所有工作人员都要树立生命健康意识,掌握急救措施,增强责任感,防范伤害幼儿生命健康事件的发生。

3. 注重管理细节,建立完善有效的制度,创设有利于幼儿健康成长的安全环境。

4. 出现伤害事故时,幼儿园应迅速采取补救措施,及时救护,并通知幼儿家长。

■ 学练结合

一、幼儿有哪些权利?

二、阅读并分析以下案例

1. 淘淘是某幼儿园大二班的小朋友,他是班上有名的淘气鬼,爱跟小朋友打架,经常影响集体活动。一天,在语言活动课上,其他小朋友都在练习写字,可淘淘却一会儿学老虎叫,一会儿学猫跳。在老师批评他时,淘淘还顶撞老师、冲老师做鬼脸。老师无奈,只好把淘淘带出活动室,交给配班老师对其看管和批评教育。淘淘的妈妈知道此事后,认为老师在活动课上将自己的儿子带离活动室,不让其练习写字,老师这样做是违法的,侵犯了孩子的受教育权,要求幼儿园为此道歉。

幼儿园老师是否有权这样做? 幼儿园是否要向淘淘的妈妈道歉? 为什么?

2. 五岁的明明因为是私生子,在原来的幼儿园备受歧视,导致性格怪异。明明妈妈为此给明明转了园,主班李老师一次询问明明妈妈为什么从不见爸爸来接送,明明妈妈就把明明的情况告诉了李老师,希望老师多关心自己的孩子,还请李老师对这件事予以保密。有一天,孩子们发生了争吵,有个孩子突然说:"明明,你不是他们亲生的,是抱养的!"另一个孩子说:"不对,他是私生子,他妈没结婚就生了他。"明明一听大哭起来,明明的妈妈知道后也非常伤心。原来是李老师在和保育员聊天时谈起这事,被在一旁玩耍的孩子听见了。明明性格由此变得更加怪异,而且还患了严重的心理疾病。为此明明的妈妈非常气愤。

李老师做错了什么? 侵犯了幼儿的什么权利?

3. 某幼儿园大班的小朋友丁丁,查出患上了精神分裂症。这么小的孩子怎么会得这种病呢? 丁丁妈妈和爷爷一起去幼儿园询问情况。老师们都说丁丁平时的表现很正常,没有什么异样的行为。可是妈妈却从其他小朋友和其他小朋友家长那里了解到,班上的张老师曾让丁丁站在墙角、厕所甚至在其他班里罚站。小朋友们还看到,有一次李老师拿着一把尺子吓唬她。丁丁的妈妈咨询了律师,丁丁可能是在幼儿园受到恐吓,才导致精神分裂症的。丁丁妈妈以法定监护人的身份向法院起诉,要求园方赔偿医疗费和精神损失费。

丁丁可以要求精神损害赔偿吗?

第 十 章
园方对教师侵权事故责任认定与防范

■ 基本理论

现阶段,国家正大力发展学前教育事业。随着"二孩"政策的放开,幼儿园的数量激增,对幼儿教师的需求也在逐年增加。再加上全面深化改革步伐加快,教育管理体制和人事制度改革逐渐深化,各种矛盾日益尖锐,幼儿教师合法权益被侵害现象时有发生。当幼儿教师的权利被侵害后,究竟怎样维护自己的合法权益,如何寻求帮助? 就成为摆在广大幼儿教师面前的一个重要问题了。

幼儿教师既是中华人民共和国的普通公民,享有宪法赋予普通公民的基本权利;同时又是特殊权利主体,享有教育法和教师法等法律法规规定的特殊权利。作为一个社会角色,幼儿教师的角色涵义应该是权利与义务的统一体。但在日常实践中,社会上还存在着把幼儿教师权利与义务割裂开来理解幼儿教师的社会角色的观念,这显然是片面的,既不利于幼儿教师的自身发展,也不利于整个学前教育事业的发展。在学前教育发展改革的新时代,我们应该赋予幼儿教师新的角色内涵,实现其权利与义务的和谐统一。

由于国家没有出台专门的针对幼儿教师的法律法规,所以幼儿教师的权利和义务更多参照我国《教育法》和《教师法》的相关内容。比如《教师法》第七条第四款规定,教师有"按时获取工资报酬,享受国家规定的福利待遇以及寒暑假期的带薪休假"的权利。近些年来,我国也陆续制定了一系列有关幼儿园保教工作方面的法律法规。例如《幼儿园管理条例》《幼儿园工作规程》《中小学幼儿园安全管理办法》等。这些法律法规是规范幼儿园保育教育工作的准绳,同时也是处理有关意外事故的法律依据。依法办事、以法治教是社会发展的必然趋势,作为一名幼儿教师,不仅要有专业的幼教知识和专业的教育能力,而且还要有较高的法律素养。特别是要学习和了解所有有关未成年人的法律法规,这是依法执教的基础。教师不仅要传道授业解惑,更应该成为知法、懂法、守法和用法的楷模。

■ 案例时段

案例一   怀孕被开除,教师应该怎么办

❋ 案例呈现

姜某某与徐某某是某市一公办幼儿园的合同工。二人相继怀孕,由于孕期反应过大,二人不得不向幼儿园请假休养。随后,幼儿园以二人请假为由停发了二人所有工资。到了年底,二人向所在幼儿

园提出按合同规定享受孕妇有关福利。令二人没想到的是，园方竟然以二人怀孕，致使园内正常教学工作受到严重影响为由，要与她们解除合同。一个月后，园方在园内张贴了开除这两名怀孕老师的公告，并把开除通知送到她们手上。两人不服园方这一决定，向有关部门反映，希望维护自己的合法权益，却屡屡遭拒。无奈之下，只好向法院提起诉讼。

案例诊断

这是一起侵犯教师生育权的案件。

政策法规看案例

从上述案例的表述可知，幼儿园教师姜某某和徐某某与幼儿园是签有劳动合同的，既然签订了劳动合同，那么当事教师的合法权利自然受到法律法规的保护，而当事双方也必须严格依照合同的约定去履行各自的义务。

我国的法律法规在女职工权益保护方面做了大量的规定。《中华人民共和国劳动合同法》(以下简称《劳动合同法》)第四十二条规定，劳动者有下列情形之一的，用人单位不得依照本法第四十条、第四十一条的规定解除劳动合同：(一)从事接触职业病危害作业的劳动者未进行离岗前职业健康检查，或者疑似职业病病人在诊断或者医学观察期间的；(二)在本单位患职业病或者因工负伤并被确认丧失或者部分丧失劳动能力的；(三)患病或者非因工负伤，在规定的医疗期内的；(四)女职工在孕期、产期、哺乳期的；(五)在本单位连续工作满十五年，且距法定退休年龄不足五年的；(六)法律、行政法规规定的其他情形。《中华人民共和国妇女儿童权益保护法》第二十六条规定："任何单位不得以结婚、怀孕、产假、哺乳等为由，辞退女职工或者单方解除劳动合同。"《女职工劳动保护规定》第五条规定："不得在女职工怀孕期、产期、哺乳期降低其基本工资，或者解除劳动合同。"另外，劳动部《关于〈中华人民共和国劳动法〉若干条文的说明》第二十九条规定："劳动者有下列情形之一的，用人单位不得依据本法第二十六条、第二十七条的规定解除劳动合同……(三)女工在孕期、产期、哺乳期内的。"依据上述法律本案中幼儿园在教师怀孕期间单方解除劳动合同行为显然违反法律规定。

另外，《劳动合同法》第三条规定："依法订立的劳动合同具有约束力，用人单位与劳动者应当履行劳动合同约定的义务。"第四十八条规定："用人单位违反本法规定解除或者终止劳动合同，劳动者要求继续履行劳动合同的，用人单位应当继续履行；劳动者不要求继续履行劳动合同或者劳动合同已经不能继续履行的，用人单位应当依照本法第八十七条规定支付赔偿金。"第八十七条规定："用人单位违反本法规定解除或者终止劳动合同的，应当依照本法第四十七条规定的经济补偿标准的二倍向劳动者支付赔偿金。"所以，两名教师可以根据相关法律法规责令幼儿园继续履行合同或赔偿自己相应的损失。

需要提出注意的是，虽然我国法律法规对孕期、哺乳期的女职工有特殊保护，但是如果女职工有下列情形之一，虽在孕期、产期、哺乳期内，用人单位也可依法解除劳动合同：①在试用期间被证明不符合录用条件的；②严重违反用人单位的规章制度的；③严重失职，营私舞弊，给用人单位造成重大损害的；④劳动者同时与其他用人单位建立劳动关系，对完成本单位的工作任务造成严重影响，或者经用人单位提出，拒不改正的；⑤有欺诈、胁迫或乘人之危之行为致使劳动合同无效的；⑥被依法追究刑事责任的。孕期、产期、哺乳期并不是女职工的护身符，国家虽对女职工进行特别保护，但保护也是有限度的，女职工仍负有遵纪守法的义务，在符合法定情形下，用人单位仍可解除劳动合同。

由于工作性质的特殊性，幼儿园多以女性劳动者为主，如果幼儿园教师都扎堆怀孕，势必会影响幼儿园的正常运转，甚至会让幼儿园处于瘫痪状态。尤其是"二孩"政策放开以后，很多幼儿园快步进入女教师扎堆生育的高峰期。很多幼儿园为了防止不利局面的到来，甚至想出"排队怀孕"的办法予以应对，这也是无奈之举。怀孕固然是自己的私事，但作为劳动者，也要体谅用人单位的难处，早点与幼儿园沟通，配合幼儿园做好安排，以减少不必要的误解和纠纷。

防范指南

1. 应当明确的是,除具有国家正式编制的教师外,国办或民办幼儿园聘任的幼儿园教师同样适用《中华人民共和国劳动法》(以下简称《劳动法》)和《劳动合同法》。因此,幼儿园教师在就业期间与用人单位签订的劳动合同就非常重要,因为劳动合同是今后劳动者与用人单位发生纠纷时如何解决的依据。建议幼儿园教师在签订合同之前要认真学习相关法律,从而和用人单位公平、合法地订立劳动合同。工作中,如果自身合法权益受到侵害,要敢于运用法律武器维护自身权益。

2. 作为用人单位,幼儿园管理者要提高自身的法律水平,做到依法办事,依法治园。这样,对用人单位和劳动者形成双层保护。

3. 参与幼儿园日常事务的管理也是幼儿园教师的一项基本权利,作为幼儿园如果要解除劳动合同,应当及时用合理的方式和职工代表做出解释,而不是隐瞒不报,推诿搪塞,导致不良事件的发生。

案例二 劳动合同中试用期及试用期工资应如何约定

❊ 案例呈现

孙某某是刚毕业的幼师学生,由于刚刚毕业,社会经验欠缺,仓促之间和某幼儿园签订了为期三年的劳动合同。合同中约定试用期一年,试用期期间月工资1 200元(低于当地最低工资标准),前六个月每个月扣除200元作为履约保证金和工装费。如孙某某干满三年,扣除工装费后,履约保证金全部退还,如孙某某自动辞职或被辞退,则履约保证金不予退还。另外,该幼儿园在和孙某某签订劳动合同后,还要求孙某某上交其毕业证、教师资格证原件,由幼儿园代为保管。

❊ 案例诊断

这是一起违反劳动法劳动合同法,劳动合同存在严重瑕疵的案件。

❊ 政策法规看案例

本案中的事件多处做法和约定违反了《劳动法》和《劳动合同法》的规定,这些违法之处在现实中经常出现。

下面我们来分析一下本案中都有哪些做法是违法违规的。

第一,试用期约定违法。《劳动法》第二十一条规定:"劳动合同可以约定试用期。试用期最长不得超过六个月。"《劳动合同法》对试用期期限又做了进一步的规定。《劳动合同法》第十九条规定:"劳动合同期限三个月以上不满一年的,试用期不得超过一个月;劳动合同期限一年以上不满三年的,试用期不得超过二个月;三年以上固定期限和无固定期限的劳动合同,试用期不得超过六个月。"根据上述规定,试用期最长不能超过六个月,而本案中合同约定的试用期是一年,显然是违法的,幼儿园应当予以纠正。

第二,试用期工资约定违法。《劳动合同法》第二十条规定:"劳动者在试用期的工资不得低于本单位相同岗位最低档工资或者劳动合同约定工资的百分之八十,并不得低于用人单位所在地的最低工资标准。"而本案合同中试用期月工资1 200元(低于当地最低工资标准)的约定明显是违法的。《劳动合同法》第八十五条规定:"用人单位有下列情形之一的,由劳动行政部门责令限期支付劳动报酬、加班费或者经济补偿;劳动报酬低于当地最低工资标准的,应当支付其差额部分;逾期不支付的,责令用人单位按应付金额百分之五十以上百分之一百以下的标准向劳动者加付赔偿金:(一)未按照劳动合同的约定或者国家规定及时足额支付劳动者劳动报酬的;(二)低于当地最低工资标准支付劳动者工资的;(三)安排加班不支付加班费的;(四)解除或者终止劳动合同,未依照本法规定向劳动者支付经济补偿的。"

第三,扣除履约保证金、工装费与相关证件的做法违法。根据《劳动合同法》第九条"用人单位招用劳动者,不得扣押劳动者的居民身份证和其他证件,不得要求劳动者提供担保或者以其他名义向劳动者收取财物"之规定,幼儿园前六个月每个月扣除200元作为履约保证金和工装费,同时要求孙某某上交其毕业证、教师资格证原件,由幼儿园代为保管的做法是严重违法的,应当予以纠正。《劳动合同法》第八十四条规定:"用人单位违反本法规定,扣押劳动者居民身份证等证件的,由劳动行政部门责令限期退还劳动者本人,并依照有关法律规定给予处罚。"

对于上述违法行为,幼儿园应当自觉纠正错误行为,如果幼儿园不及时纠正或者拒绝纠正的,孙某某可以向当地劳动行政部门投诉并主张赔偿。

防范指南

1. 用人单位要依法治园,避免不必要的麻烦,给自身带来负面影响。
2. 劳动者本人也应学习法律知识,增强法律观念,对用人单位的不合理规定,要敢于拒绝和投诉。

案例三 教师教案,应归个人还是幼儿园

❈ 案例呈现

李某是一名青年教师,从事幼儿教育10年有余。幼儿园为提高教学质量,要求老师每学期均要编写教案。每学期期末,幼儿园都会对每位老师编写的教案进行审核,并存档。在幼儿园工作十几年间,李某共交给幼儿园教案50本,但幼儿园未如数归还。后来,李某因写论文需要,多次要求幼儿园将她所写的教案退还。幼儿只退给李某15本,其余35本教案以"找不到了"为由,不予退还。

李某认为,幼儿园的行为是对其智力成果和创造性劳动的不尊重,侵犯了她的合法权益。李某与幼儿园多次协商无果后,遂将幼儿园起诉至法院。

❈ 案例诊断

这是一起教案所有权纠纷案件。

❈ 政策法规看案例

对教案所有权的归属,教育部教育行政主管部门从未有过明确的规定。在实践中,幼儿园与幼儿园教师之间一般也不会因教案的归属问题而订立专门的合同或进行专门的约定。因此一旦出现纠纷,很难找到解决问题的直接依据。

教案是教师为顺利而有效地开展教学活动,根据课程标准,教学大纲和教科书要求及学生的实际情况,以课时或课题为单位,对教学内容、教学步骤、教学方法等进行的具体设计和安排的一种实用性教学文书。教案的编写过程实际上是教师的创作过程,由此不难看出,教案肯定是教师本人创造的作品。由个人创造的作品的著作权归属主要有两种形态:作者个人的作品和职务作品。从教案的特点并结合有关法律的规定,教案应当属于著作权法所保护的职务作品。教师编写教案是应幼儿园的要求而进行的,是一种职务行为,这里的职务行为应理解为作品创作本身就属于创作人职务工作的一个组成部分。在本案中,李某作为幼儿园教师,其主要职责是向学生授课,作为规范授课的依据就是教师应当预先准备教案,基于此,李某准备教案的行为自然是一种职务行为。

我国《著作权法》第十六条明确规定:"公民为完成法人或者其他组织工作任务所创作的作品是职

务作品,除本条第二款的规定以外,著作权由作者享有,但法人或者其他组织有权在其业务范围内优先使用。作品完成两年内,未经单位同意,作者不得许可第三人以与单位使用的相同方式使用该作品。"根据著作权法、著作权法实施条例的规定,李某所写教案包含其个人的经验及智慧,完全符合我国著作权法关于作品的定义,属于普通职务作品,应该由她享有完整的著作权,其学校仅有在业务范围内优先使用的权利。

> **防范指南**
>
> 1. 教师编写教案,这是教师的日常工作之一;幼儿园检查幼儿园教师的教案,这是幼儿园的常规管理工作之一。两者各司其职,并不矛盾。幼儿园在检查完幼儿园教师教案并做好记录之后,应当及时归还。这样一来,既便于幼儿园的管理,又不影响幼儿园教师个人资料的积累。
>
> 2. 随着我国法制建设的不断完善,公民的法律意识在不断增强,幼儿园也应规范自身的管理行为,提高依法治园管园水平,避免产生不必要的纠纷。

案例四 教师再婚,有无婚假

❋ 案例呈现

刘某某在幼儿园任教快二十年了。几年前其丈夫因病去世,留下10岁的儿子,母子二人相依为命。刘老师除了工作就是儿子,一心只想把儿子培养成人。随着儿子渐渐长大,刘老师发现父爱的缺席不利于孩子的成长,于是有了再婚的念头。经人介绍,刘老师认识了同样丧偶的张某,经过交往,感情日益深厚,二人决定组成家庭,并领取了结婚证。为了布置新房,刘老师向幼儿园提出休婚假。园长没有同意,理由是刘老师已经休过婚假了,现在是再婚,就不能再享受婚假了。如要休息,那就只能请事假。刘老师认为园长的答复不合理,自己再婚仍享有婚假,而请事假是要扣除相应工资的。那么,园长的答复是否合理呢?再婚有无婚假?

❋ 案例诊断

这是一起再婚者可否享有婚假的争议案。

❋ 政策法规看案例

再婚的男女,与初婚者一样,在领取结婚证后,夫妻关系即告成立,同样受到国家法律的保护,享有法律赋予的与初婚夫妻同样的权利和承担同样的义务,其与初婚者的法律地位并无不同。

《关于对再婚职工婚假问题的复函》(劳社部函[2000]84号)明确规定:"根据《中华人民共和国婚姻法》和国家有关职工婚丧假的规定精神,再婚者与初婚者的法律地位相同,用人单位对再婚职工应当参照国家有关规定,给予同初婚职工一样的婚假待遇。"根据《中共中央国务院关于职工休假问题的通知》规定,职工享受婚假三天。2016年后关于婚假的规定有所调整,全国各地没有统一,婚假1~3天至10天不等,管理部门和教职工应依据当地文件规定依法休假。

因此,男女双方虽是再婚,但仍应与初婚者一样,享受婚假待遇。因此,园长在答复中关于再婚没有婚假的说法是违反规定的。

原劳动部1994年颁布的《工资支付暂行规定》第十一条规定:"劳动者依法享受年休假、探亲假、婚假、丧假期间,用人单位应按劳动合同规定的标准支付劳动者工资。"因此,刘老师应该享受三天假期,而不会扣除相应的工资待遇。

1. 作为幼儿园园长，除了要学习教育法规等业务紧密相关的法律法规外，与幼儿园教师日常生活相关的常用法律知识也应该有所了解，避免做出与法律法规不符的规定。

2. 有条件的幼儿园可以聘请法律顾问，为幼儿园提供法律服务，为教职工进行法律讲座，提高幼儿园依法治园、教师依法执教的水平。

案例五 工资被拖欠，教师怎么办

❀ 案例呈现

某县中心幼儿园是当地唯一的公办幼儿园，现有教师32名，在园孩子700多名。从2010年开始幼儿园归县政府管理，工资由县政府负责。平时幼儿园老师的工资主要由基本工资和绩效工资两部分组成，基本工资每月发放，而绩效工资则是每学期结束后一次性发放。

2017年2月份，老师们在领取了1500元基本工资后，就要求幼儿园发放去年下学期的绩效工资，结果一直没有领到，并且幼儿园也没有给老师正常缴纳"五险一金"。

❀ 案例诊断

这是一起拖欠教师工资，侵犯教师合法权益的案件。

❀ 政策法规看案例

拖欠教师工资，是指未按时、足额的支付教师的工资性报酬，包括基础工资、岗位职务工资、奖金、津贴和其他各种政府补贴等。拖欠教师工资，是违反《教师法》、侵害教师合法权益的违法行为。不仅侵害了教师获取劳动报酬的基本权利，危及教师及其家庭的生计，还严重影响了教师队伍的稳定和学前教育工作的正常进行，损害了党和政府的威信。

我国《教师法》第七条规定："教师享有下列权利：（四）按时获取工资报酬，享受国家规定的福利待遇以及寒暑假期的带薪休假。"教师有获取工资报酬的权利。本案中的教师在2月份领取了1500元基本工资后，一直没有领到去年下学期的绩效工资，政府拖欠教师工资的行为违反了《教师法》，侵害了教师合法的权益，伤害了教师的感情。

另外，《中华人民共和国劳动合同法》第七条、第十条、第十七条分别明确规定："用人单位自用工之日起即与劳动者建立劳动关系。""建立劳动关系，应当订立书面劳动合同。""劳动合同应当具备以下条款：（七）社会保险。"另外，《中华人民共和国劳动法》第七十二条亦规定："用人单位和劳动者必须依法参加社会保险，缴纳社会保险费。"

可见，只要劳动者与用人单位建立了劳动关系，用人单位就应该按规定办理并缴纳社会保险。本案中的幼儿园没有按规定给教师正常缴纳"五险一金"，已经违反法律，幼儿园应该尽快为教师补足缴纳社会保险。如果幼儿园仍不履行为劳动者缴纳保险的法定义务，教师可以去当地的劳动监察部门投诉或提请劳动仲裁。

1. 幼儿园应该按相关文件规定，为教师缴纳五险一金。

2. 幼儿园应建立教职工大会制度，或以幼儿园教师为主体的教职工代表会议制度，加强民主管理和监督。

3. 幼儿园教师应加强法律意识，如果自身合法权益受到侵害，要敢于运用法律武器维护自身权益。

■ 学练结合

一、教师有哪些权利?

二、阅读并分析以下案例

某幼儿园准备为教职员工购买社会保险,教师孙某某听说后找到园长,说她不想购买,希望幼儿园把社会保险费以工资的形式发给她,以后发生伤害事故由孙某某自己承担,与幼儿园无关,并写出书面承诺交与幼儿园。

某日上班途中,孙某某因交通事故不幸身亡。孙某某家属要求幼儿园为孙某某认定工伤。

案例中孙某某家属的要求能否得到支持?为什么?

参考文献

著作类

1. 马雷军. 校园法律指南[M]. 北京：中国经济出版社,2005.
2. 李克,宋才发. 人身损害赔偿案例[M]. 北京：人民法院出版社,2004.
3. 劳凯声. 中国教育法制评论(第2辑)[M]. 北京：教育科学出版社,2003.
4. 劳凯声,孙云晓. 新焦点——当代中国少年儿童人身伤害研究报告[M]. 北京：北京师范大学出版社,2002.
5. 孙葆森,刘惠容,王悦群. 幼儿教育法规与政策概论[M]. 北京：北京师范大学出版社,1998.
6. 吴志宏,陈韶峰,汤林春. 教育政策与教育法规[M]. 上海：华东师范大学出版社,2002.
7. 黄松有. 最高人民法院人身损害赔偿司法解释的理解与适用[M]. 北京：人民法院出版社,2004.
8. 教育部关心下一代工作委员会理论中心. 中小学校幼儿园安全管理培训教材及配套参考资料[M]. 北京：中国社会出版社,2006.
9. 曹诗权. 未成年人监护制度研究[M]. 北京：中国政法大学出版社,2004.
10. 卓晴君. 学生伤害事故处理典型案例大全[M]. 北京：新华出版社,2002.
11. 王利明. 侵权行为法归责原则研究(修订版)[M]. 北京：中国政法大学出版社,2003.
12. 杨立新. 侵权法论(第二版)[M]. 北京：人民法院出版社,2004.
13. 邢利娅. 幼儿园管理[M]. 北京：高等教育出版社,2010.
14. 张新宝. 侵权责任法原理[M]. 北京：中国人民大学出版社,2005.
15. 杨立新. 民法判解研究与适用(第六集)[M]. 北京：人民法院出版社,2003.
16. 张虹. 国外校园安全管理与执法[M]. 北京：北京大学出版社,2003.
17. 联合国教科文组织国际教育发展委员会. 华东师范大学比较教育研究所译. 学会生存[M]. 北京：教育科学出版社,2003.
18. 刘桂桐. 撑起生命的保护伞[M]. 济南：黄河出版社,2001.

期刊文献类

1. 柳倩. 幼儿在园发生意外伤害的原因及预防对策[J]. 幼儿教育,2006(11).
2. 顾荣芳. 对幼儿园安全教育的思考[J]. 幼儿教育,2006(11).
3. 王洪成. 对幼儿伤害事故法律责任的思考与分析[J]幼儿教育.2005(Z2).
4. 董宪明. 幼儿园与幼儿的法律关系之探讨[J]. 山东教育,2003(4).
5. 彭茜. 论幼儿园在幼儿伤害事故中的责任归结[J]. 西南大学学报,2007(5).
6. 曾国. 入园幼儿人身伤害事故现状调查与对策思考[J]. 学前教育研究,2007(5).
7. 瞿瑛. 幼儿伤害事件的防范和处理[J]. 幼儿教育导读,2003(2).
8. 朱良. 幼儿园的安全管理与安全教育[J]. 学前教育研究,2003(12).
9. 丁文珍. 幼儿园事故及其法律责任承担[J]. 中华女子学院学报,2002(5).
10. 郭春发. 幼儿园常见事故类型及责任的划分[J]. 学前教育,2002(1).
11. 劳凯声. 中小学学生伤害事故及责任归结问题研究[J]. 北京师范大学学报(社会科学版),2004(2).
12. 孙媛. 如何正确认识和处理幼儿园事故[J]. 山东教育(幼教版),2000(1).
13. 谭曼娜. 也谈幼儿园安全事故的防范与处理——原因与对策[J]. 学前教育研究,2004(4).
14. 谭晓玉. 为什么学校抱怨公平责任"不公平"——谈公平责任原则在学校伤害事故处理中的运用条件[J]. 中小学管理,2003(10).
15. 于扬. 试析幼儿人身伤害事故中的民事法律责任[J]. 教育导刊,2008(5).
16. 朱昌渝,郑泰安. 谈谈幼儿园事故处理的法律问题[J]. 学前教育研究,2002(4).
17. 方丽. 关于建立幼儿园应急救援预案的探讨[J]. 科技资讯,2007(19).

18. 茅秀君. 幼儿园意外事故的成因与对策[J]. 宁波教育学院学报,2007(8).

19. 张佩斌. 幼儿园安全教育课程设计及实施效果评估[J]. 疾病控制杂志,2007(6).

20. 郭丽. 浅议学前儿童安全意识的培养[J]. 教育导刊,2004(8).

21. 刘馨,李淑芳. 我国部分地区幼儿园安全状况与安全教育调查[J]. 调查与研究,2005(12).

22. 邹敏. 未成年学生伤害事故的学校赔偿责任[J]. 教育科学研究.2009(05).

23. 丁金霞,欧新. 当前我国农村幼儿园存在的安全隐患、原因分析及对策思考[J]. 学前教育研究.2009(01).

24. 赵艳婕. 幼儿伤害事故中幼儿园法律责任的情形[J]. 早期教育(教师版).2009(01).

25. 龙小敏. 幼儿园如何建立安全管理体系[J]. 教育导刊,2002(10).

26. 张淑燕. 幼儿园伤害事故的责任分析[J]. 家庭教育,2009(04).

27. 张予平. 某幼儿园例意外伤害事故分析[J]. 中国儿童保健杂志,2008(02).

28. 刘占良. 儿童第一,责任重于泰山[J]. 学前教育,2001(9).

29. 阮爱新. 安全教育,父母应该做什么[J]. 家庭教育,2003(1).

30. 许卓娅. 怎样的安全才是合适的安全[J]. 山东教育,2003(7).

31. 朱家雄. 由幼儿园频发血案想到的[J]. 幼儿教育,2005(2).

32. 褚宏启. 未成年学生人身伤害问题研究[J]. 北京师范大学学报,人文社会科学版,2002(1).

33. 林雪卿. 浅谈幼儿园在意外事故中的责任[J]. 学前教育研究,2002(5).

34. 刘宣. 国外幼儿园安全教育述评[J]. 幼教园地,2004(9).

35. 魏红. 国外儿童的安全教育[J]. 劳动安全与健康,2001(8).

36. 佟丽华. 对未成年人监护制度的立法思考与建议[J]. 法学杂志,2000(6).

37. 于杨. 论幼儿园与在园幼儿之间的法律关系[J]. 沈阳师范大学学报,2008(2)

38. 许豆豆. 狼来了怎么办——美国幼儿园的自我保护教育[J]. 幼儿教育导读,2003(19).

39. 陈曦. 幼儿园安全防范综合评价体系初探[J]. 现代职业安全,2009(7).

40. 武鸿奇. 应急响应计划:幼儿园应对突发事件的有效举措[J]. 学前教育研究,2009(2).

41. 邱云. 幼儿园伤害事故的类型及对策[J]. 教育评论,2003(5).

42. 赵书山. 教育发展中的政府责任探析[J]. 教育发展研究,2009(11).

43. 解立军. 常见幼儿伤害事故的赔偿责任与教师安全意识[J]. 中国民族教育,2008(6).

44. 常爱芳. 论学生伤害事故赔偿制度存在的困境和出路[J]. 黑龙江省政法管理干部学院学报,2008(3).

45. 黄倩. 幼儿的安全教育要全方位进行[J]. 教育导刊,2006(6).

46. 王琳. 论教师在学生伤害事故中的赔偿责任[J]. 教学与管理,2003(23).

47. 张献. 国外未成年人安全教育及对我国的启示[J]. 中国公共安全,2007(3).

48. 陶一鸣. 我国保险制度对校园学生伤害案件赔偿体系研究[J]. 广州广播电视大学学报,2008(6).

49. 方益全. 学校侵权赔偿应当坚持的几个原则[J]. 兰州学刊,2004(5).

硕士论文类

1. 张蕖. 幼儿园伤害事故的干预现状和对策研究——以安徽省阜阳市幼儿园为例[D]. 上海:华东师范大学,2006.

2. 贺佳. 当前社会背景下幼儿园伤害事故预防机制探究[D]成都:四川师范大学. 2012.

3. 胥长寿. 学生伤害事故的归责现状、问题与对策研究[D]成都:四川师范大学,2006.

4. 刘智成. 在园幼儿人身伤害事件的个案研究[D]. 重庆:西南大学,2007.

5. 王晓锐. 中小学校园人身伤害事故中的学校民事责任[D]. 甘肃:兰州大学,2008.

6. 孙玉. 校园安全问题及对策研究[D]. 吉林:吉林大学,2005.

7. 颜廷松. 学生伤害赔偿法律制度研究[D]. 山东:山东大学,2005.

8. 张艳红. 学生伤害事故归责原则研究[D]. 河南:郑州大学,2006.

9. 刘智成. 在园幼儿人身伤害事件的个案研究[D]. 重庆:西南大学,2007.

10. 王淼. 在园幼儿人身伤害事故分析及预防与处理体系的构建[D]. 呼和浩特:内蒙古师范大学,2010.

附　录

一、法律法规中关于幼儿教育的条款及规定

1. 中华人民共和国教育法
2. 中华人民共和国教师法
3. 中华人民共和国未成年人保护法
4. 幼儿园管理条例
5. 幼儿园工作规程
6. 中小学幼儿园安全管理办法
7. 教育督导条例
8. 中国儿童发展纲要（2011—2020 年）
9. 国务院关于当前发展学前教育的若干意见
10. 国务院办公厅关于开展国家教育体制改革试点的通知
11. 国家教育督导团关于幼儿教育专项督导检查公报
12. 国务院办公厅转发教育部等部门（单位）关于幼儿教育改革与发展指导意见的通知
13. 关于幼儿教育改革与发展的指导意见
14. 教育部关于加强民办学前教育机构管理工作的通知
15. 面向 21 世纪教育振兴行动计划
16. 国家教委关于正式实施《幼儿园工作规程》的意见
17. 关于颁发《学前班工作评估指导要点》的通知
18. 学前班工作评估指导要点（试行）
19. 国家教委关于改进和加强学前班管理的意见
20. 国家教委关于实施《幼儿园管理条例》和《幼儿园工作规程（试行）》的意见
21. 国务院办公厅转发国家教委等部门关于加强幼儿教育工作意见的通知
22. 国家教委、国家计委、财政部、人事部、劳动部、建设部、卫生部、物价局关于加强幼儿教育工作的意见
23. 国家教育委员会关于进一步办好幼儿学前班的意见
24. 关于发展农村幼儿教育的几点意见
25. 关于学前教育深化改革规划发展的若干意见

二、有关幼儿园基础设置与标准的文件和通知

1. 财政部　教育部关于印发《支持中西部地区农村小学增设附属幼儿园实施方案》的通知
2. 支持中西部地区农村小学增设附属幼儿因实施方案
3. 财政部　教育部关于印发《支持中西部地区利用农村闲置校舍改建幼儿园实施方案》的通知
4. 幼儿园玩教具配备目录
5. 幼儿园玩教具配备金额核算表

三、有关教育教学管理的文件和通知

1. 国务院教育督导委员会办公室关于印发《中小学校责任督学挂牌督导规程》和《中小学校责任督学工作守则》的通知
2. 中小学责任督学挂牌督导规程
3. 教育部办公厅关于开展 2014 年全国学前教育宣传月活动的通知
4. 教育部办公厅　财政部办公厅关于做好 2014 年中西部农村偏远地区学前教育巡回支教试点工作的通知

5. 教育部办公厅关于开展 0～3 岁婴幼儿早期教育试点的通知

6. 数有部关于印发《3—6 岁儿童学习与发展指南》的通知

7. 教育部关于印发《学前教育督导评估暂行办法》的通知

8. 教育部关于规范幼儿园保育教育工作防止和纠正"小学化"现象的通知

9. 教育部　财政部　关于印发《支持中西部农村偏远地区开展学前教育巡回支教试点工作方案》的通知

10. 教育部办公厅关于开展幼儿教育专项督导自查工作的通知

11. 教育部关于印发《幼儿园教育指导纲要(试行)》的通知

12. 关于印发《全国幼儿教育事业"九五"发展目标实施意见》的通知

13. 三岁前小儿教养大纲(草案)

四、有关幼儿园师资力量培养的文件与通知

1. 教育部办公厅　财政部办公厅　关于做好 2014 年中小学幼儿园教师国家级培训计划实施工作的通知

2. 教育部办公厅　财政部办公厅　关于做好 2013 年"国培计划"实施工作的通知

3. 教育部关于印发《幼儿园教职工配备标准(暂行)》的通知

4. 教育部关于印发《幼儿园教师专业标准(试行)》《小学教师专业标准(试行)》和《中学教师专业标准(试行)》的通知

5. 幼儿园教师专业标准(试行)

6. 教育部　财政部　关于实施幼儿教师国家级培训计划的通知

7. 教育部关于规范小学和幼儿园教师培养工作的通知

8. 关于颁发《全国幼儿园园长任职资格职责和岗位要求(试行)》的通知

9. 全国幼儿园园长任取资格、职责和岗位要求(试行)

10. 关于开展幼儿园园长岗位培训工作的意见

11. 全国幼儿园园长岗位培训指导性教学计划(试行草案)

12. 国务院办公厅转发国家教委等部门关于明确幼儿教育事业领导管理职责分工的请示的通知

13. 关于明确幼儿教育事业领导管理职责分工的请示

14. 劳动人事部、国家教委关于颁发《全日制、寄宿制幼儿园编制标准(试行)》的通知

15. 全日制、寄宿制幼儿园编制标准(试行)

16. 国家教育委员会关于幼儿园教师考核的补充意见

五、有关幼儿园安全管理的文件和通知

1. 教育部办公厅关于印发《中小学幼儿园应急疏散演练指南》的通知

2. 中小学幼儿园应急疏散演练指南

3. 国务院教育督导委员会办公室关于印发《教育重大突发事件专项督导暂行办法》的通知

4. 教育重大突发事件专项督导暂行办法

5. 教育部　公安部　共青团中央　全国妇联　关于做好预防少年儿童遭受性侵工作的意见

6. 教育部办公厅关于中小学幼儿园安全工作 2013 年第 1 号预警通知

7. 中小学幼儿园安全管理办法

8. 教育部关于印发《关于进一步做好中小学幼儿园安全工作六条措施》的通知

9. 关于进一步做好中小学幼儿安会工作六条措施

10. 教育部办公厅关于加强中小学幼儿园校车安全管理的紧急通知

11. 教育部关于进一步加强幼儿园安全工作的紧急通知

12. 教育部办公厅关于做好当前传染病防控工作的通知

13. 关于托儿所幼儿园卫生保健管理办法的通知

14. 托儿所幼儿园卫生保健管理办法

15. 卫生部、国家教委关于颁发《托儿所幼儿园卫生保健管理办法》的通知

16. 托儿所、幼儿园卫生保健管理办法

17. 托儿所、幼儿园卫生保健制度

六、有关幼儿园经费管理的文件和通知

1. 国家发展改革委　教育部　财政部　关于印发《幼儿园收费管理暂行办法》的通知

2. 幼儿园收费管理暂行办法

3. 财政部　教育部　关于建立学前教育资助制度的意见

4. 财政部　教育部　关于印发《中央财政扶持城市学前教育发展奖补资金管理暂行办法》的通知

5. 中央财政扶持城市学前教育发展奖补资金管理暂行办法

6. 财政部　教育部　关于印发《中央财政扶持民办幼儿园发展奖补资金管理暂行办法》的通知

7. 中央财政扶持民办幼儿园发展奖补资金管理暂行办法

8. 财政部　教育部　关于加大财政投入支持学前教育发展的通知

图书在版编目(CIP)数据

幼儿园常见事故责任认定与防范/郭建怀,史爱芬主编. —上海:复旦大学出版社,2019.7
ISBN 978-7-309-14445-1

Ⅰ.①幼…　Ⅱ.①郭…②史…　Ⅲ.①幼儿园-安全事故-法律责任-认定-中国-幼儿师范学校-教材②幼儿园-安全事故-事故预防-幼儿师范学校-教材　Ⅳ.①D922.7②G617

中国版本图书馆 CIP 数据核字(2019)第 132478 号

幼儿园常见事故责任认定与防范
郭建怀　史爱芬　主编
责任编辑/查　莉　夏梦雪

复旦大学出版社有限公司出版发行
上海市国权路 579 号　邮编:200433
网址:fupnet@ fudanpress.com　http://www.fudanpress.com
门市零售:86-21-65102580　　团体订购:86-21-65104505
外埠邮购:86-21-65642846　　出版部电话:86-21-65642845
上海丽佳制版印刷有限公司

开本 890×1240　1/16　印张 5.25　字数 141 千
2019 年 7 月第 1 版第 1 次印刷

ISBN 978-7-309-14445-1/D·992
定价:28.00 元